_____ 님께

_____ 드림

리더를 위한 세상의 지식
2. 역사편

개정판 1쇄 발행 2023년 2월 10일

지은이 이형기
펴낸이 장길수
펴낸곳 지식과감성#
출판등록 제2012-000081호

교정 서은영
디자인 이현
편집 이현
검수 김지원, 윤혜성
마케팅 정연우

주소 서울시 금천구 벚꽃로298 대륭포스트타워6차 1212호
전화 070-4651-3730~4
팩스 070-4325-7006
이메일 ksbookup@naver.com
홈페이지 www.knsbookup.com

ISBN 979-11-392-0904-4(03030)
값 13,000원

- 이 책의 판권은 지은이에게 있습니다.
- 이 책 내용의 전부 또는 일부를 재사용하려면 반드시 지은이의 서면 동의를 받아야 합니다.
- 잘못된 책은 구입하신 곳에서 바꾸어 드립니다.

지식과감성#
홈페이지 바로가기

The knowledge of the world for leaders

개정판

★ ★ ★ ★ ★
리더를 위한
세상의 지식

PROLOGUE

— 프롤로그 —

미국 건국의 아버지 '벤저민 프랭클린'은 '인생의 가장 큰 비극은 우리는 너무 일찍 늙고 너무 늦게 현명해진다는 것'이라고 말했다. 저자 역시 공감을 한다. 젊은이들이 인생에 대해 어느 정도 알고 인생길을 가야 하나, 실제는 그렇지 않기에 너무 안타깝다. 우리는 인성교육, 인생교육뿐만 아니라 지식교육마저 부족한 상태에서 인생길을 떠나고 있기 때문이다.

그러다가 나이 들어 세계사를 다시 읽고 싶을 때가 있어도 엄두를 못 내고 포기하는 경우가 많다. 역사뿐이랴. 종교, 경제, 위대한 문학, 예술에 관한 지식도 다시 한 번 정리해 보았으면 하지만 마음과 달리 쉽지 않다. 그러나 리더의 위치에 벌써 와 있거나, 혹은 그러기 위해 앞으로의 삶이라도 가득 채우고자 더 늦기 전에 폭넓은 지식을 갖추고 싶어진다.

시간에 쫓기는 현대인들에게 이런 욕망을 어느 정도라도 해결할 수 있도록 과거, 현재, 미래 세상사의 중요 부분들을 한 권의 책으로 압축할 수는 없을까? 담대해도 너무 허황할 정도의 담대함을 부리는 것으로 생각되어 포기할까도 했다. 그럼에도 그 욕망의 일부분이라도 채워 줄 지식을 발췌해 보고자 감히 작업을 시작했다.

세계를 제패한 로마제국과 몽골의 흥망성쇠 원인은? 유럽이 오랫동안 문명이 앞섰던 아시아를 추월할 수 있었던 동기는? 인류를 위해 큰 공적을 쌓은 에디슨, 벨, 록펠러의 회사들은 지금 어떤 기업으로 발전했나? 세상은 누가 움직이고 있었던가? 위대한 선각자들은 순간의 세월을 어떻게 살아야 한다고 했던가? 650여 개의 해답을 정리하면서 반성되어야 할 부분과 독자에게 감동을 줄 수 있는 부분들을 좀 더 돋보이게 하면서 정리해 보았다. 시원한 해답을 주지 못할지라도 당신의 궁금증을 상당 부분 해소할 수 있다면 엮은이는 보람을 느낄 것이다. 어쩌면 당신이 할애할 수 있는 시간에 맞추어 읽기에는 적절할 수도 있기 때문이다.

일부 자료는 삼사십 년 전부터 메모해 모아 놓은 것을 공개하면서 힘차게 원고작성에 매진해 보았다. 자료가 일부 거칠게 다듬어진 부분이 있을지라도 사회를 이끌어 가는 리더 분들께 도움이 되었으면 한다.

중간 중간 밑줄을 그어 놓은 것은 중요도에 맞추어 그어 놓은 것이 아니라 독자가 기억하였으면 하는 것을 표시해 놓은 것으로 해석해 주기 바란다.

리더분들께 부탁하고 싶은 것은 미국 건국의 아버지 벤저민 프랭클린, 일본경제 발전의 초석 시부사와 에이치, 현대 경영학의 아버지 피터 드러커에서 리더의 자질과 역할을, 민주주의의 요람 아테네의 교훈에서 리더의 중요성을 새겨주기 바란다.

끝으로 이 책의 원천이 된 훌륭한 많은 저서의 저자 분들, 대중 매체, 이 책의 출간을 도와준 모든 분들께 깊은 고마움을 느끼면서, 이 책을 읽는 모든 리더께 "국가와 사회, 타인을 먼저 배려한 사람들이 역사에서 빛을 발하고 있다."고 말하고 싶다.

연희동 우거에서
엮은이 **이 형 기**

CONTENTS

차례

01   초압축 세계사 8

02   로마제국의 흥망 14

03   게르만민족의 대이동 19

04   네덜란드 28

05   기상천외의 작전('투르크 함대 산을 넘다') 31

06   영국의 압축역사 33

07   물물교환시대 38

08   미국의 성립 39

09   종교전쟁 44

10   바티칸 46

11   임진왜란(1592-1598) 48

12   병자호란 53

13   영국 동인도회사와 인도 54

14   노예무역 57

15   권력 중심 유럽으로 이동 60

16   프랑스혁명 61

17   트라팔가 해전 62

18   흑인노예 65

19 모스크바(러시아) 68

20 일본의 개화 71

21 조선의 개화 72

22 영국의 발전 76

23 제1차 세계대전(1914-1918. 11. 11) 80

24 대장정 86

25 만주국 건설과 노구교사건 88

26 제2차 세계대전(1939 .9. 1-1945. 9. 2) 90

27 인도의 분리 100

28 한국전쟁 102

29 두 개의 중국 106

30 '문화대혁명'(1966-1976) 107

31 스위스 110

32 산업혁명(1차:1760-1830) 112

33 가려 뽑은 암송시 115

34 간추린 건배사 127

색인 129

01
초압축 세계사

4대문명(약 5천 년 전 이집트, 메소포타미아, 인더스, 황하 등)에 대제국 아케메네스왕조, 로마제국, 마우리아왕조, 진 제국 등, 5-6세기경 거대 제국들 혼란, 유라시아 서부의 로마제국은 게르만민족의 대이동으로 갈리아 지방부터 혼란에 빠지고 395년에는 동, 서로마 제국으로 분열되고 476년에는 서로마 제국 멸망, 7-8세기에는 바그다드를 중심으로 하는 아바스왕조는 3대륙에 걸친 대제국을 건설, 이슬람상권의 시대로(팍스 이슬라미카), 13세기부터 14세기는 몽골제국이 유라시아 지역 지배(팍스 몽골리카), 16세기는 포르투갈과 스페인의 대서양항로의 개척으로 유럽성장의 엔진시대, 아시아에서는 3대륙 에 걸친 오스만제국, 인도에서는 무굴 제국, 중국에서는 명나라가 세력을 떨침. 18세기에는 영국이 산업혁명과 함께 대서양을 이끌어 감. 중국에서는 명나라 대신 청나라, 러시아는 광활한 페르시아를 정복 유라시아 대국으로, 20세기에 일어난 두 번의 세계대전으로 식민지 체제가 무너지고 국민국가로, 세계대전으로 유럽이 몰락하고 미국의 대두, 러시아에서는 혁명으로 사회주의 정부 수립, 2차 대전 후 45년간 미국과 소련의 냉전이 이어졌으나 소련 내부의 붕괴로 냉전 종식됨.

* 초승달 지역

비옥한 초승달 지역이란 서쪽으로는 지중해, 남쪽으로는 아라비아 사막, 북으로는 타우루스 산맥, 동쪽으로는 자그로스 산맥을 경계로 하고 있는 지역. 그리스인들은 '강 사이의 땅'이란 뜻으로 메소포타미아라 불렀음. 남부지방에 수메르 문명이 발달. BC 3000년대 초반에는 구리와 주석을 합금하여 청동을 사용하고 중반에는 바퀴 달린 전차를 사용함.

* 최초의 제국 아카드

기원전 2250년경 사르곤 대제는 최초의 제국인 아카드를 건설. 메소포타미아에 있는 작은 도시국가인 키쉬의 왕으로 메소포타미아의 모든 도시국가뿐 아니라 중심지역 바깥에 있는 넓은 영역까지 정복, 오늘날의 이라크와 시리아의 대부분, 이란과 터키의 일부를 포함, 1백만 명이 넘는 신민과 5,400명의 상비군을 가짐.

* 두 개의 역사적 신화

BC 1776년경에 바빌로니아의 함무라비 법전 완성(고대 바빌로니아인 수십 만 명의 협력 매뉴얼)과 AD1776년 미국 독립선언문(현대 수억 명의 협력 매뉴얼).

* 페니키아

BC12세기경 이집트의 영향력이 매우 약해지면서 페니키아는 지중해에서 가장 강력한 세력으로 부상하여 사이프러스, 코카사스, 사르디아, 이베리아반도 등을 식민지화하고 뛰어난 항해술을 바탕으로 아프리카 서안과 동인도까지 세력을 확장하였으며 전성기는 400년간 지속됨. 페니키아의 함선들은 지중 해 도처를 항해하며 해안을 따라 중요한 무역항들을 세움. 이들 활동을 통해 오리엔트문명이 지중해 영역 내에 전파됨. 상업 활동을 원활히 수행하기 위해 번거로운 상형문자 대신, 표음문자이며 알파벳의 모체가 되는 페니키아 알파벳이 보급되어 이것이 후에 그리스 문자어로 이어져 인류 문명에 중요한 공헌을 함.

* 관포지교

중국 춘추전국시대 제나라에 관중(BC 725?-BC645)과 포숙(출생 - 사망 미상)은 어렸을 때부터 둘도 없는 오랜 친구였음. 이 둘은 벼슬길에 올랐으나 본의 아니게 서로 대립하는 주군을 섬기게 됨. 제나라의 새 군주가 관중을 죽이려 하자 포숙은 왕에게 "관중의 재능은 신보다 훨씬 낫습니다. 제나라를 다스리는 것으로 만족하신다면 신으로 충분하지만 천하를 다스리고자 하시면 관중을 기용하십시오."라고 함. 포숙의 진언을 받아들여 관중을 중용하고 정사를 맡기자 재상이 된 관중은 능력이 출중하였음. 훗날 관중은 포숙에 대한 고마움을 이렇게 표현하였음. "어렸을 적 포숙과 함께 장사를 하였는데 내가 가난한 것을 알고 그는 늘 양보했다. 포숙은 내가 실패를 해도 시운을 만나지 못했다며 이해했고 나를 겁쟁이라고 하지 않았다. 나를 낳은 이는 부모지만 나를 알아준 이는 포숙이다."라고 함. 훗날 세상 사람들은 현명한 관중보다 오히려 포숙의 사람을 알아보는 능력을 더 칭찬하고 우정의 지극함을 관포지교(管鮑之交)라 함.

* 데이먼과 피시어스

서양의 고대국가 시라쿠스의 디오니시우스 1세(재위 BC430-BC367)시절 시라쿠스왕에게 반체제죄로 사형선고를 받은 피시어스가 죽기 전 고향의 부모님을 만나고 돌아오기를 원하자 왕은 인질을 요구함. 그 때 선뜻 나선 이가 데이먼이었음. 그러나 돌아오기로 한 약속의 날짜와 시간이 지나자 사형대에 오른 데이먼은 절망적인 상황에 직면하게 됨. 드디어 데이먼을 사형집행하려는 순간 피땀으로 얼룩진 피시어스가 급히 달려와 그를 얼싸안음. 피시어스가 오는 길에 배가 풍랑을 만나 파선되었고 구사일생으로 목숨을 건져 쉬지 않고 달려왔다고 늦은 까닭을 설명하자 왕은 크게 감동하고 두 사람을 석방함. 서양의 관포지교를 Damon and Pythias friendship이라 함.

* 고타마 싯다르타(BC624?-544?)

석가모니, 불교의 창시자임. 샤카족의 중심지인 카필라왕국(현재 네팔)의 국왕 슈도다나의 장남으로 태어나 16세에 결혼하여 아이를 하나 두었으나 29세에 출가, 6년 고행 후 35세에 명상으로 깨달음을 얻고 붓다가 되어 45년간 포교를 하고 고향으로 돌아가던 중 열반(80세)함. 싯다르타의 사리는 여덟 개 국왕이 나누어 가졌고, 탑을 지어 공양했음. 개인의 깨달음을 중시하는 소승 불교(인도차이나 반도 등)와 보살에 의한 중생의 구제를 교의에 포함시킨 대승불교(중앙아시아에서 중국, 한국, 일본으로)로 나누어짐.

열반: 산스크리트어로 '니르바나'(Nirvana)로 불이 꺼진다는 뜻, 불길이 꺼져 버려 아무런 분노나 갈등도 일어나지 않는 평화로움을 뜻함. 육신까지 버릴 경우 이를 '완전한 열반(Parinirvana)'이라 함. 붓다는 '완전한 열반을 하기 전 '모든 것은 영원하지 않다'는 가르침을 남김. 그를 따르는 사람들에게 '이 세상 모든 것은 무너집니다. 그러니 이런 이치를 잘 알아서 여러분들은 게으름을 피우지 말고 아주 열심히 살아야 합니다. 그래서 여러분이 세운 목표를 꼭 이루십시오.'라는 유언을 남김.

나무아미타불 관세음보살: 나무는 귀의 한다는 뜻 즉 극락세계를 관장하는 아미타불과 온 세상의 고통을 거둬가는 관세음보살에게 돌아가도록 즉 행복하게 살고 괴로움을 없에 주소서

* 세계 종교별 신도 수

기독교: 21.4억(천주교 12억, 정교회 2.4억, 개신교 7억)
이슬람교: 11.1억(수니 9.4억, 시아 1.7억)
힌두교: 9억
불교: 4억

* 공자(BC551-BC479)

노나라 공부자, 자는 중니, 부친 숙량흘은 시골무사, 서자, 3세에 부친 별세, 몹시 가난한 가운데 늙은 선생에게서 열심히 공부, 17세 때 말단 관리, 노나라 대학에서 시경과 서경을 배움, 36세 때 소공이 신하인 계씨에게 쫓겨나 제 나라로 도망칠 시 따라가서 제나라 경공과 신하들에게 여러 모로 진리를 가르쳤음. 2년 후 귀국하고 52세에 대사구(재판관이며 최고 위직)로 승진하였으며 제나라 경공을 설득하여 노나라가 잃었던 땅을 찾았음. 권력자 계손사의 미움을 받자 BC496년(56세) 수십 명의 제자들과 함께 노나라를 떠나 10여 년 넘게(주유천하 12년) 현명한 군주를 찾아 나섰으나 공자의 도덕정치는 빠른 부국강병책으로 천하재패만 추구하는 제왕들에게는 받아들여지지 않았음. 학문적 이상이 현실정치에 실현 불가함을 인식하고 귀국(67세)후 후학 양성에만 전념하였음. 역사서 춘추를 새로 편찬하고 아들 백어가 50세에 죽고 제자 안연과 자로마저 떠나자 '하늘이 나를 버렸다' 하며 비통해 했음, 손자인 자사가 증자를 스승으로 모시고 공자의 사상과 학맥을 이었음. 공자는 유교의 창시자가 아니고 옛것을 알고 새로운 것을 알게 하는 '온고이지신'의 전수자였음. BC479년 73세로 세상을 마감. 사기에 의하면 제자 중 72명이 '6예'에 통달하고 제자를 자처하는 이들이 수만 삼천 명에 달하였다 함.

* 백만매댁 천만매린

집을 사는 데는 백만 냥이지만 이웃을 사는 데는 천만 냥임. 중국 남북조 시대 송계아라는 고위관리가 군수 직에서 은퇴한 후 여승진(양무제 때의 관리로 엄격한 가정교육, 천성이 근면, 친절, 청렴하여 백성의 존경을 받음)이라는 사람의 이웃을 샀음. 이에 여승진이 감동함.

* 키루스 대왕(BC576-590?-BC530)

키루스 2세 또는 키루스 대제라 일컬음. 성경에서는 히브리어 발음에 근접한 고레스왕으로 기록. 이란인들에게는 건국의 아버지로 알려짐. 29년 동안 통치하면서 당대의 제국들인 메디아, 신 바빌로니아, 리디아 제국을 굴복시킴. 키루스는 군의 정예화를 위해 병사들이 갖고 있는 무기를 귀족과 똑같은 무기로 공급하고, 종교적 관용과 다른 민족에 대한 배려가 뛰어났으며 피정복민들에게서 기꺼이 배우는 자세를 취하였음. 구약성경 에즈라에는 바빌로니아에 잡혀있던 유대인을 해방시키고 예루살렘으로 돌아가 예루살렘 성전을 세울 수 있도록 하였다고 기록됨. 정부형태와 통치방식에서도 다른 민족의 것을 차용하여 그것을 새로운 제국에 맞게 응용했는데 그 뒤 다리우스 1세 등에게까지 전해져 페르시아 제국의 문화와 문명을 형성해 내는 데 큰 역할을 함. 키루스는 헤로도토스에 의하면 조언자의 조언을 무시하고 동쪽으로 진군해 마사게타이라고 하는 유목민족과의 격렬한 싸움에서 전사했다고 함(유목민족을 이끄는 여왕이 자신의 아들이 키루스에게 죽자 그에 대한 복수로 키루스 2세를 공격).

* 페르시아제국

페르시아라는 말은 수세기 동안 서구에서 사용해 왔으며 이란 남서부 자그로스 산맥의 한 지역인 파르스(Pars, 혹은 Parsa)에서 유래하였다 함. 페르시아 제국은 이란 고지대를 중심으로 서아시아, 중앙아시아, 코카사스 지방을 포함하는 넓은 지역을 통치함. 아카메네스 왕조는 BC 525년 오리엔트를 재통일 (아시리아보다 훨씬 큰 지역)하고 수사와 사르테스를 잇는 약 2,400km의 간선도로인 '왕의 길'은 왕의 사자는 일주일 만에 주파할 수 있었음(상인은 3개월 걸림). 다리우스 1세 때 1년에 모은 은은 약 367톤이었고 BC330년 알렉산더의 원정군에 멸망할 때 알렉산더가 접수한 금은 약 300톤이었음. 페르시아의 태양신 미트라, 로마제국의 태양신, 군신인 미트라(그리스도 다음 제2종교)는 당 제국, 신라, 아스카시대의 일본에 전해져 불교와 융합해 미륵불인 미륵이 됨.

02
로마제국의 흥망

* 로마

기원전100년경 로마 시 인구는 120만 명, 96년-180년까지 5인의 황제가 지배한 약 100년까지 로마제국의 전성시대, 트라야누스 황제시대는 동쪽 카스피해 서안에서 서쪽 대서양 연안까지 약 720만m², 데오도시우스황제 사망 전 395년에 그리스적인 로마(동로마제국 또는 비잔틴제국)와 라틴적인 제국(서로마제국)으로 나눔.

* 로마제국의 원동력

식민지 주민에게도 시민권을 부여함. '능력만 있으면 그 누구도 이방인이 아니다' 개방성과 포용성이 제국을 건설, 로마는 4번 사비니 전투에서 승리하였으나 사비니인들을 로마 시민으로 받아들이고 귀족들은 로마의 원로의원이 되고 왕도 두 부족의 왕이 공통으로 통치함. 노예도 10년간의 노예생활 후 자유가 주어지고 자녀들에게는 시민권을 부여함. 로마인들은 자신들을 혈통을 혼혈이라고 여김. 시오노 나나미는 지성에 있어서는 그리스인보다 못하고 체력에 있어서는 겔트인이나 게르만인에 못하고 기술력에 있어서는 에르투리안인 보다 못하고 경제 감각은 카르타고인보다 뒤떨어졌으나 승자로 남은 것은 '시스템'과 '인재'에서 찾았음. 전쟁세를 신설, 재산이 많은 원로원들이 더 많은 세금부담을 감수, 제일 먼저 기부하기 위해 수레에 돈을 싣고 국가에 갖다 바침. AD193에는 카르타코 출신의 후예가 왕이 됨. 원로의원 2/3는 식민지나 속국 출신임.

* 로마(서) 멸망(476년)의 원인

1. 약한 군사력
2. 귀족과 관료의 부패, 사치가 심하고(테르마에: 대중목욕탕 수천 석), 원형 경기장(막시무스 대경기장), 사창가(로마 45개, 폼페이 7개), 빈부 격차 심함
3. 급격한 기후 변화(농산물 산출 감소)
4. 기독교의 특권
5. 상하수도 시설(납 중독으로 통풍 등)
6. 우발적인 사건들과 게르만족의 침공
7. 과중한 세금으로 농민들의 몰락
8. 정권쟁탈에 국방 약화

* 콜로세움

로마는 항복하는 자는 용서하지만 저항하는 자는 적으로 간주, 적으로 잡힌 유대 포로 10만 명을 베시파시아누스 황제(네로 다음)때 서기 72년부터 8년간 투입하여 80년 티투스 황제 때 완성한 것이 콜로세움. 원형 경기장 긴지름이 187m, 짧은 지름이 155m, 타원형 4층 건물로 높이 48m, 아치형 문 80개, 동선을 정교하게 설계하여 정원 5만 명이 입장하는데 30분밖에 걸리지 않음. 1층 기둥은 도리아식, 2층 기둥은 이오니아식, 3층은 섬세한 코린트식으로 되어 있음.

* 루시우스 세네카(BC4-AD65)

로마의 철학자, 극작가, 정치가, 50년에 집정관이 됨, 네로 황제 재위 초기인 54-62년 동료들과 함께 로마의 실질적 통치자.
"인간은 항상 시간이 모자란다고 불평을 하면서 마치 시간이 무한정 있는 것처럼 행동한다."라고 함.

콜로세움

* **로마의 도로**

로마의 도로 체계는 50,000 마일의 포장도로와 250,000 마일의 길을 포괄하였음. 로마가 절정기를 이루었을 시는 도시를 중심으로 29개 정도의 거대한 군용 도로가 뻗어 있었음. 로마제국은 372개의 거대 연결도로 ('모든 길이 로마로 통한다.')를 통하여 113개 속주로 구획되었고 갈리아 한 곳만도 21km의 도로가 부설되었음. 아피아 가도는 BC 312년에 착공하여 로마에서 남동 쪽으로 261km를 뻗어 타렌툼(지금의 타란토)에 이르렀고 나중에는 아드리아 해 연안(브린디시)까지 연장되었음.

* 아피아 가도

로마의 전직 집정관인 아피우스 클라우디우스가 재무관시절 입안하고 BC 312년부터 건설, 전쟁에서 승리한 에페이로스의 왕 피로스의 강화제의에 대하여 원로원들 사이에서 국론이 분열되고 있을 시 원로원 의원으로서 그는 고령의 나이에 시력을 잃고 있었으나 불굴의 용기를 불어 넣고 결사 항전을 주장, 강화를 거절함. 그 후 아피아 가도를 이용하여 로마는 남진하여 이탈리아를 통일하고 아피우스의 이름을 따 '아피아 가도'라 함.

* 살수대첩

612년 중국 수나라는 두 번째 고구려 침공을 개시함. 동원된 병력은 113만 3,800명으로 출발하였으나 고구려군의 완강한 저항으로 막대한 희생을 치르면서 요하 도하작전에 성공하고 요동성을 포위, 공격했으나 고구려의 저항으로 지구전으로 돌입함. 이에 수나라는 우중문, 우문술 등을 지휘관으로 하여 30만 5천 명의 별동대를 편성해 오골성(지금의 봉황성)을 경유, 압록강을 건너 왔음. 고구려의 을지문덕 장군(고구려 26대 영양왕 때의 명장)은 수나라군이 압록강을 건너기 전에 수나라 내부의 불화, 물자 부족 등을 간파하고 고구려 내부 깊숙이 유도해(평양성 30리까지) 그들의 능력을 한계점에 도달하게 한 뒤 거짓 항복을 청해 퇴각하는 구실을 만들어 주면서 일대 추격전을 전개함. 퇴각하는 군이 살수(청천강)를 건너고 있을 때 이들의 배후를 공격해 수 나라 장수 신세웅이 전사하는 등 요동성까지 살아간 병사는 2,700명에 불과 하였음. 이 전쟁으로 수나라는 내적 동요가 일어나 종말을 재촉하게 되었고 고구려도 거듭되는 수나라의 침공을 격퇴함에 따른 국력의 소모로 멸망의 중요 요인의 하나가 됨.

* **유우중문(현존하는 가장 오래된 5언 시)**

신책구천문(신묘한 계책은 천문을 통달하고)
산궁지리(오묘한 계산은 땅의 이치마저 꿰뚫었네)
승공기고(싸움에 이긴 공이 이미 높으니)
족원운지(만족함을 알고 그만하기를 바라노라)

-을지문덕장군이 우중문장군에게 보낸 시-

* **양귀비**

당 현종 62세 때 양귀비 27세, 안록산의 난(755-763)중, 병사들의 요구로 38세의 양귀비(719-756)와 그 일족이 살해되고 현종 퇴위. 안록산도 차남에게 암살, 차남도 사사명에게 살해, 사사명도 아들에게 살해됨.

* **청평조사**

명화경국양상환(모란과 미인이 서로 즐거워 반기니)
상득군왕대소간(임금이 기뻐 시종 바라보며 미소 짓네)
해석춘풍무한한(봄바람에 온갖 근심 날려 보내고)
심향정북기난간(미인은 심향정 북쪽 난간에 기대어 서있네)

-이백(701-762)-

이백은 이 시로 문명을 날리고 중국인들은 이백을 시선, 두보를 시성, 백거이를 시불, 가도를 시귀라 칭함.

03
게르만민족의 대이동

서기 375년 중앙아시아 지방에 살던 훈족이 게르만족이 살던 곳에 침략해 오자 그 후 200년간에 걸쳐 게르만족의 이동이 시작됨. 로마제국의 제도와 게르만족의 제도가 합쳐 봉건제도 탄생. 게르만족에는 동게르만 민족으로 반달족, 부르군트족, 고트족 등이 있었으며 이탈리아, 프랑스, 에스파냐, 아프리카 등의 여러 지방으로 이동하여 그 곳 민족과 동화하는 경향이 있었음. 서게르만 민족에는 앵글로 색슨족과 롬바르드 족, 프랑크 족들로서 영국, 프랑스, 이탈리아의 각지에서 건국했음. 북게르만족은 노르만인으로서 10세기 이후 남하했음. 유럽 각지에 침입한 게르만인의 수는 로마인 등 원주민의 약 3% 이하의 소수였음. 이 때문에 이주한 원주민에 동화한 부족도 적지 않았으나 프랑크 족은 그리스 정교를 신봉하는 동 로마제국에 대항하여 가톨릭교회와 제휴하는 '중세 서유럽세계의 형성'을 촉진시켰음. 동코트 족이 서 로마제국을 멸망시킴. 서코트족은 스페인에, 반달족은 북아프리카에, 프랑크족은 지금의 프랑스인 북쪽 갈리아에, 부르군트족은 남부 갈리아에, 앵글로색슨족은 영국에, 동코트족과 롬바르드족은 이탈리아에 각각 왕국을 세우고 정착했음. 대이동으로 교회의 주요무대는 지중해에서 북유럽으로 옮겨가게 했음. 가톨릭교회와 게르만족의 동맹이 이루어짐으로서 '그리스도교적으로 통일된 서구사회'라는 기틀을 놓게 되었음.

* **프랑크 왕국의 변천**

프랑크 왕국의 궁재 카를 마르텔이 이슬람군을 무찌르고 그리스도교 세계를 지키고, 아들 피핀은 751년 카롤링거 왕조를 세우고 피핀의 아들은 교황 레오 3세로부터 황제의 관을 수여 받아 카를대제가 됨. 프랑크 족은 재산을 분할해 상속하는 관습에 따라 843년 베르됭 조약과 870년 메르센조약으로 3명의 아들에게 세 개의 나라로 나누어 줌.

1. 서프랑크왕국 카페왕조(987-1328) - 현 프랑스
2. 중부프랑크왕국 - 현 이탈리아
3. 동프랑크왕국 - 신성로마제국(962-1806, 844년간 존속) - 독일

---

* **중추월**

-소식(1037-1101, 중국 북송 제일의 시인 호는 동파)-

모운수진온청한(저녁구름 걷히니 맑고 찬 기운 넘치고)
한무성전옥반(은하수는 소리 없이 쟁반에 옥구슬 굴리네)
생차야불창호(세상에 이런 밤 흔치 않는데)
명년명월하처간(내년에는 밝은 달을 어디서 보게 될는지)

* **레이디 고다이버(1040?-1080?)**

11세기 영국 코벤트리 지방의 영주였던 레오프릭(Leofric)은 독선적이고 잔혹하여 농민들에게 가혹한 세금을 걷고 있는 정책을 시행하고 있었음. 그런 남편과 달리 착한 독실한 가톨릭 신자였던 레이디 고다이버(Godiva)는 농민들을 불쌍히 여겨 세금을 줄여 달라고 남편에게 탄원하

였으나 레오프릭은 고다이버의 의견을 무시한 채 여전히 농민들을 탄압하였음. 고다이버가 포기하지 않고 계속 간청하자 그는 "만약 당신이 백성을 사랑하는 것이 진실이라면 나체로 말을 타고 나의 영지를 한 바퀴 돈다면 세금 감면을 고려하겠다."고 조롱함. 영주에게는 당시 고다이버의 나이가 겨우 16세였기 때문에 도저히 실행할 수 없을 것으로 생각되었고 신분이 높고 신앙심이 깊은 여인으로서는 죽음과도 맞바꿀 수 없을 만큼 수치스러운 일이었음. 하지만 결국 '백성의 행복을 위한 일이라면 알몸으로 말을 타는 건 상관없다'며 남편의 제안을 과감하게 받아들여지고 이 소문은 농민들 사이에 빠르게 퍼져나감. 고다이버가 알몸으로 말을 타고 코벤트리 거리로 나서자 코벤트리의 마을 사람들은 집집마다 문과 창을 걸어 잠그고 커튼을 내려서 영주 부인의 희생에 경의를 표하기로 하고 그날의 일을 비밀에 부치기로 함. 그러나 톰(Tom)이라는 재단사 한 사람이 모두의 약속을 어기고 커튼을 들춰 고다이버의 알몸을 보고 말았다 함(그때 화살을 맞아 장님이 되었다고도 하고 몰매를 맞아 눈이 멀었다고 함. 영어에 '훔쳐 보는 사람'을 Peeping Tom이라고 하는데, 이는 여기에서 유래됨). 벨기에의 고급 초콜릿 '고다이버'도 고다이버의 아름답고 숭고한 정신을 브랜드화했다 함.

* 고다이버이즘(Godivaism): 관행이나 상식, 힘의 역학에 불응하고 대담한 역의 논리로 뚫고 나가는 정치를 말함.

존 콜리어(John Collier 1898)의 '고다이버 부인'

* 십자군원정(1096-1291년 약 200년)

중세 서유럽의 로마 가톨릭 국가들이 중동의 이슬람 국가에 대항하여 성지 예루살렘을 탈환하는 것을 목적으로 행해진 대규모의 군사원정이었음. 십자군 원정은 처음의 순수한 열정과는 달리 점차 정치적, 경제적 이권에 따라 움직이면서 순수함을 잃는 모습을 보였음. 십자군 측이 예루살렘을 확보한 기간은 1099년-1187년 및 1229년-1244년 뿐이었음. 이후 20세기까지 예루살렘은 이슬람의 지배하에 있게 되었음. 전쟁에서 약탈해온 유물, 서적들은 당시 암흑세계를 지내고 있던 중세에 큰 영향을 끼쳐 훗날 르네상스 운동에 영향을 주었음.

* 살라딘(1138?-1193)

이집트, 시리아의 술탄으로 3차 십자군 원정에 맞서서 이슬람을 이끌음. 본 명은 '유서프'로, 그의 지도력과 군사적 역량으로 무슬림과 기독교계 모두에게 알려졌으며, 그가 보인 기사도 정신과 자비심은 서방세계에 널리 전해져 수많은 전설과 기록을 남김. 살라딘이라는 이름은 아랍어로 '정의와 신념'을 뜻함. 1187년, 88년 동안 십자군의 지배를 받고 있던 예루살렘 왕국을 탈환할 시 갈증을 호소하는 예루살렘 왕에게 눈을 녹인 얼음물을 대접하고 공포에 휩싸여 있을 때 "왕자가 왕자를 죽이는 일은 훌륭한 일이 아닐 것입니다"라는 말과 함께 목숨을 보전해 줌. 1191년 9월 7일 살라딘의 군대는 사자 왕 리처드 1세의 군대와 맞닥뜨렸을 때 살라딘은 전투에서 패배하였지만 리처드 역시 예루살렘을 정복하는 데는 실패하였음. 리처드 1세가 부상을 당하자 살라딘은 공격을 중단하고 그의 개인 의사를 보내 상처를 돌보게 하였으며, 리처드 1세가 전투 중에 말을 잃자 살라딘은 두 필의 말을 보내고 눈으로 채운 신선한 과일을 보내기도 하였음. 감동한 리처드1세는 자신의 누이와 살라딘의 동생을 결혼시키고 예루살렘은 결혼 선물로 하자는 제안을 하기도 했다 함. 결국 두 왕은 1192년 평화협정을 맺었고 예루살렘은 무슬림의 지배하에 두되 기독교도 순례자들이 자유로이 왕래할 수 있게 됨. 살라딘이 다마스쿠스로 돌아간 1년 후 55세의 나이로 세상을 떠났지만 예루살렘은 그의 사망 후 1967년 이스라엘군의 공격을 받아 함락될 때까지 800년 가까이 그의 관용과 평화의 정신이 지배하는 도시로 남아 있었음.

* 백년전쟁(1337-1453)

프랑스 왕위계승권문제로 1337년 영국 프랑스 공격, 17세의 소녀 잔 다르크 등장으로 전세 역전 1453년 칼레 마을 제외 영국은 전 프랑스에서 철수함. 농민이 사용한 창, 이슬람 세계에서 전해진 총과 대포의 위력 발휘로 기사 계층이 몰락함. 영국은 대륙의 영토를 잃고 섬나라가 됨. 곧 이어 장미전쟁(1455-1485)이라는 내전으로 귀족은 몰락하고 왕권이 강화됨.

* 백년전쟁 시 영국군이 프랑스 기사들을 무찌를 때 사용한 장궁은 200m 떨어진 목표물을 맞힐 수 있는 정도였음.

* 깔레의 시민들

깔레의 시민들

백년전쟁 시 영국왕 에드워드 3세는 도바 해협을 건너 1346년 크레쉬에서 프랑스에게 크게 승리한 후 여세를 몰아 옆의 작은 도시인 깔레를 공격 하였으나 깔레 시민의 강력한 저항은 1년이라는 시간을 버티다가 지원군과 보급품이 끊긴 후 1347년 항복을 결정함. 에드워드 3세는 깔레시민 6명을 교수형에 처함으로써 책임을 물으며 깔레시민 6명을 스스로 선정할 것을 명함. 최고의 부호로 알려진 〈와스타슈드 생 피에르〉가 자진 앞으로, 다음 시장인 〈장 데르〉, 부자 상인 〈피에르 드 위쌍〉과 그의 아들, 그리고 다른 시민 세 사람이 앞으로 나와 한 사람이 많아지자 한 사람을 제외하라고 하자 아무도 포기하지 않음. 〈와스타슈드〉가 제안하기를 내일 아침 처형장에 제일 늦게 나온 사람을 제외하자고 제안함. 처형당일 6명의 교수형 지원자들이 통으로 된 자루 옷을 걸치고 목에는 자신이 매달릴 밧줄을 건체 시청 앞에 나타남. 그러나 기적과 같은 반전이 일어났음. 왕의 형 집행정지명령으로 모두 극적 죽음을 면함. 영국왕의 왕비였던 임신한 필리파가 감동하여 왕에게 선처를 요청하였던 것임. 당일 날 와스타슈드가 나타나지 않아 집에 찾아 가보니 그는 일찍 자살하였음. 한 사람 이라도 살아남으면 순교자들의 사기가 떨어질 것을 우려하여 자신이 먼저 자결하였던 것임.

* 영국의 공용어

1066년 프랑스의 노르망디 지방을 지배하던 노르망디공은 잉글랜드를 정복 노르망 왕조를 세움, 백년전쟁 때까지 영국의 공용어는 프랑스어였음.

* 흑태자 에드워드와 프랑스 왕 장 2세

영국 왕 에드워드 3세의 장남인 흑태자 에드워드는 프랑스와의 백년 전쟁 당시 1356년 푸아티에 전투에서 프랑스 왕 장 2세를 포로로 잡아 영국군에게 결정적 승리를 안겨줌. 흑태자는 장 2세에게 승패는 한때의 운이라고 위로하고 본국으로 개선할 시 장 2세를 백마를 탄 위풍당당한 모습을 보이도록 하였음. 전쟁이 끝나자 장 2세는 몸값을 구할 때까지 3명의 왕자와 귀족들을 담보로 하고 프랑스로 돌아옴. 그러나 포로들이 영국을 탈출 파리로 귀국하자 장 2세는 수치를 느껴 스스로 영국으로 건너가 포로가 되었으며 몸값 300만 크라운은 국민에게 엄청난 부담을 지운다는 이유로 석방을 원치 않음. 그는 흑태자의 극진한 대우를 받으며 런던에서 살다가 1364년에 세상을 떠남.

* 페스트 창궐

1347-1349년 페스트의 창궐로 이집트에서는 인구 3분의 1이 사망함. 피렌체에서는 1338년 11만 명의 인구가 1351년에 4만 5천 명으로 급감하고 유럽의 인구는 반으로 줄고, 백년전쟁도 일시 중지됨. 페스트 유행 전의 인구 회복은 150년 후 16세기에 들어서임.

* **장미전쟁**

1455-1485년 사이 랭커스터가문은 빨강 장미, 요크가문은 하얀 장미로 문양을 함. 왕위 계승권 문제로 30년간 전쟁함. 1486년 헨리는 에드워드 4세의 딸 엘리자베스와 결혼함으로써 화해, 이 당시 메디치은행의 런던지점이 잘못된 편에 투자했기 때문에 쇠락함.

* **베네치아**

5세기 중반 게르만족의 일파가 이탈리아 북동부를 침범하면서 레알토 섬을 비롯, 부근 118개의 섬에 사람이 살게 됨. 갯벌에 4만 개 이상의 나무기둥을 박아 지반을 단단하게 함. 제4차 10자군 원정(1202-1204) 때 선박과 각종 물품 공급, 비잔틴제국이 분리되면서 아드리아 해안에서부터 그리스의 에게 해에 이르는 전 국가를 통치하는 강대국이 되자 해상무역의 본거지로 성장. 14-15세기 초 베네치아는 해상공화국의 전성기를 맞이하며 런던의 세 배, 파리와 어깨를 나란히 하는 유럽에서 가장 부유한 도시로 성장함. 3만 6천 명에 달하는 선원들과 3,300척의 배로 세계 해상 통로를 누빔. 1380년 베네치아와 제노바 전쟁에서 베네치아가 승리, 중세의 향신료 무역은 이슬람 상인과 베네치아 상인이 지역을 나누어 독점함. 향신료는 후추, 사프란, 메이스, 바닐라, 카더몬, 로즈마리 등으로 유럽은 당시 분뇨가 넘쳐 악취가 만연하여 로즈마리 같은 향신료로 소독하였음. 1615년경에 커피를 최초로 판매. 베네치아에 세계 최초 커피하우스가 생김.

* 베네치아 바다 밑 침목

레바논 삼나무 백향목을 사용, 레바논 국기 가운데 있음. 나무 높이 40m, 둘레 4m, 오래된 것은 수령 3천 년, 수피 상처 시 송진은 향기가 나며 방부제와 방충제 역할, 페니키아 해상무역 시 최대 수출품목

베네치아

* 르네상스

1400-1530년의 130년간 일어난 문예부흥운동, 신으로부터 해방, 휴머니즘 회복, 르네상스의 시작과 더불어 기나긴 중세의 막을 내림. 유대인으로부터 철학, 과학, 의학, 수학 등을 배움. 과학혁명의 토대가 만들어지고 중세를 근세와 이어주는 시기이고 문화, 예술전반에 걸친 고대 그리스와 로마문명의 재인식과 재수용을 의미하였으며 이탈리아에서 비롯하여 프랑스, 영국, 독일, 스페인 등으로 퍼져 나감.

04
네덜란드

암스테르담은 17세기 전반 세계 상업과 금융의 중심지였고 1650년 인구 20만 명, 대형 선박을 소유함으로 절반 정도의 운임으로도 이익을 창출함. '세계의 운반인'이라고 불리고 연간 2천 척 생산능력이 있었음. 합리화된 생산 공정으로 영국에 비해 40-50% 정도 싼 가격으로 건조하였음. 1670년 보유 선박 수 영국의 3배로 영, 프, 스, 포, 독의 배를 합친 것보다 많았음. 1602년 네덜란드 동인도회사의 자본금은 약 50만 파운드로 투자금액이 많을 때는 영국 동인도회사의 10배가 넘었음. 일본에서 수입한 은은 연간 200톤으로 유럽이 신대륙에서 수입한 양과 같았음. 1608년 암스테르담에 세계 최초 주식 거래소를 설립함. 전성기는 1660년경임. 1568년 개신교도인 네덜란드인들은 가톨릭을 믿는 스페인 군주를 상대로 반란을 일으키고 80년이 지나 스페인에게서 독립을 쟁취하고 유럽에서 가장 부유한 나라로 등극한 비결은 신용에 있었음. 대부를 받을 시 기일에 맞춰 전액을 반드시 갚았고 사법제도가 독립되어 있는 데다 사적 권리, 그중에도 사유재산권을 보호하자 자본은 민간인들의 재산을 보호해주지 않는 독재국가에서 새어나와 사유재산권이 있는 국가로 흘러들어 왔음. 네덜란드 소도시의 시민들은 지상에서 싸우는 데 취미가 없었으므로 용병을 고용해 자기들 대신 스페인과 싸우게 했음. 네덜란드인들은 강력한 스페인 제국보다 더욱 쉽게 군사 원정대의 자금을 조달할 수 있었든 것도 유럽 금융제도로부터 신뢰를 얻었기 때문임.

* 네덜란드 동인도회사

인도네시아는 세계 최대의 군도로서, 만 개가 넘는 섬은 17세기 초에 수백 개의 왕국, 공국, 술탄의 영지, 부족이 지배하고 있었음. 네덜란드 동인도회사(인도, 동남아시아 지역으로 경제적 진출을 위해 1602년 세움)의 상인들이 인도네시아에 처음으로 도착한 것은 상업적 목적으로 왔으나 이윤을 극대화하려고 경쟁자들과 싸우기 위해 상선에 대포를 장착하고 일본인, 인도인, 인도네시아인 용병을 고용, 요새를 건설하고 전투와 포위공격을 수행했음. 섬들은 하나하나 네덜란드 동인도회사의 수중에 떨어지고 결국 인도네시아 대부분의 섬이 이 회사의 식민지가 되었음. 회사는 인도네시아를 2백 년 가까이 통치했음. 네덜란드 정부는 1800년이 되어 인도네시아의 통치를 떠맡아 국영 식민지로 만들었고 150년간 지속되었음.

* 맨해튼

1621년 네덜란드 서인도회사 설립, 1626년 인디언들에게 약 24달러의 상품을 주고 맨해튼 섬을 사서 '뉴 암스테르담'이라고 이름을 붙임, 오늘날의 뉴욕이 됨.

* 빌렘 바렌츠(1550-1597) 선장

네덜란드인으로 유로 동전에 새겨짐. 1594년 시베리아에서 북동쪽으로 항해 도중 무인도에 체류하였으나 고객들의 식품에는 일체 손대지 않고 곰을 잡아 해결함. 이듬해 두 번째 항해에도 실패, 1596년 세 번째 북을 항해할 시 북극곰도 잡히지 않아 17명의 선원 중 8명이 굶어 죽자 빙하가 녹아 배를 돌려 네덜란드로 향했음. 일주일 후 선장 바렌츠도 먹지 못해 사망함. 그들은 고객들에게 전달하기로 한 식량과 모포와 옷을 단 하나도 건드리지 않음.

* 더크 윌렘스(Dirk Willems)

병사를 끌어내는 더크 윌렘스

메노파 교도의 영웅, 1569년 네덜란드에서 종교적 신념 때문에 체포되어 감옥 탑에 갇혔음. 헝겊을 매듭으로 이어 만든 밧줄을 이용, 탑 창문에서 내려와 얼음으로 덮인 성곽해자를 건너 탈출에 성공, 경비병들이 뒤를 쫓았지만 반대편으로 안전하게 도망하였으나 따라온 경비병 중 한 사람이 얼음이 깨지면서 차가운 물속으로 빠지자 윌렘스는 걸음을 멈추고 뒤쫓던 병사를 물속에서 끌어냄. 동정심의 결과 다시 감옥에 갇혀 고문을 당했고, 말뚝에 묶여 서서히 화형을 당하면서 "오, 나의 주님, 나의 하느 님"을 일흔 번 되풀이했음. 메노나이트들은 용서를 신앙의 강령으로 함.

* 영국의 특허법과 회사법

영국 엘리자베스 여왕시대에 왕의 자의적 특권 부여를 금지하는 법이 만들어 지게 된 것이 영국의 독점법으로 1623년에 세계 최초로 반포되고 특허법의 원형이 되었음. 1862년 영국 '회사법' 통과로 회사 설립에 정부의 허가가 불필요하였음.

05
기상천외의 작전
('투르크 함대 산을 넘다')

* **동로마제국의 멸망**

13세기 말 몽골인의 지배를 피해 소아시아로 이주한 투르크는 1453년 21세의 술탄 마호메트 2세의 지휘 하에 20만 명의 육군과 400척의 군함으로 콘스탄티노플을 함락하고 동로마제국을 멸망시킴. 전략은 급료 문제로 비잔틴 황제 섬기기를 거부한 헝가리의 대포 제작 기술자 울반을 4배의 급료를 주고 고용하여 '괴물'이라는 대포(길이 26피트8인치, 포탄의 무게 1,344파운드, 60마리의 말과 200명의 병사가 끌어야 함)를 제작하여 성벽을 공격하였음. 그러나 세 겹으로 된 성벽은 난공불락이므로 지친 술탄은 보스포루스 해협에서 금각만에 이르는 수십km의 산길에 비밀리 나무로 길을 만들게 하고 어둠을 타 말과 인력을 동원 72척의 군함을 옮겨 금각만(북쪽 금각만은 성벽은 약했으나 좁아 쇠사슬만으로도 함선 봉쇄가능)에 띄움. 즉 기상천외한 작전인 '투르크 함대 산을 넘다'로 함락 성공함. 그러나 함락된 원인은 성문 중의 하나를 잠그는 것을 잊었기 때문이었으며 1,100년간 이어온 로마제국의 수도는 함락됨.

* **토막 상식**

유고: 슬라브민족의 말로 남쪽이라는 뜻

오리엔트: 해가 뜨는 곳

헬레니즘: 사람에서 시작된다는 생각

헤브라이즘: 하나님을 중심으로 하는 생각

르네상스: 하나님 중심에서 사람중심으로 돌아가려는 운동, 문예부흥

바로크: 왕과 교회 중심 문화

로코코: 귀족중심 문화

* **투르크의 전성시대**

제10대 술탄 술레이만 1세는 1520년 26세의 나이로 지중해와 흑해의 패자로 군림하면서 3대륙 20여 민족, 6천만 명을 지배하고 1538년 스페인 연합함대를 격파하며 지중해 제해권을 33년간 향유. 국내에서는 '입법자' 유럽에 서는 '장엄한 왕'으로 칭함.

* **과학의 발달**

중국 연금술사들이 화약을 발견한 후 터키의 대포가 콘스탄티노플 성벽을 무너뜨린 시점 사이에 6백 년이 걸렸으나 아인슈타인이 "모든 종류의 질량은 에너지로 전환될 수 있다"는 사실을 밝힌 지 불과 40년 만에 원자폭탄이 히로시마와 나가사키에 떨어짐.

06
영국의 압축역사

세계 약 10억 인구가 영어를 사용함. 약 400년 전은 바다의 왕은 에스파냐였으나 해적 출신 드레이크 제독이 1578년 무적함대를 깨뜨린 뒤 영국이 패권을 잡음. 종교는 잉글랜드가 영국교회, 스코틀랜드, 웨일즈와 북에이레는 가톨릭을 택함. 게르만의 인종과 로마의 문화가 융합된 것이 영국의 뿌리임. 문명의 뿌리는 켈트족으로 시작, 이들은 전차를 갖고 있었고 바지를 입을 줄 알았음. 793년 대규모로 펼쳐진 덴마크(바이킹)의 침략은 앵글로, 색슨족의 단결을 촉발, '알프렛'대왕이 나타나 적을 물리치고 영국왕국의 탄생을 가져오고 학문을 크게 권장함. 1066년 노르망디공이 영국을 침략하여 윌리엄 1세로 영국왕위에 오름. 헨리 2세는 영국, 노르망디, 앙쥬, 남프랑스 등을 합쳐 프랑스보다 큰 영토를 이루었으나, 헨리 2세는 셋째아들 리처드 1세(사자왕)의 반란으로 왕위를 물려주고, 리처드 1세는 10자군 원정에 참가 화살을 맞고 전사함. 프랑스 왕은 신하 영국 왕 존을 중죄인으로 선언하고 프랑스 내의 영국 땅을 차례로 빼앗기 시작하자 존 왕이 출병하여 프랑스와의 전쟁에서 지고 돌아오자 귀족들이 왕에게 권리를 지키고자 왕에게 요구하여 1215년 '대헌장'(마그나 카르타, 영국 최초의 헌법)을 제정하여 민주주의의 주춧돌이 됨.

1265년 영국국회가 성립되고, 1341년 상원, 하원으로 분리됨. 그 후 300여 년 동안 훌륭한 왕 헨리 7세, 헨리 8세, 엘리자베스 1세 여왕을 배출함. 프랑스와 백년전쟁(1337-1453년, 116년)은 영국이 계속 승리하게 됨(영국군의 강한 석궁이 두꺼운 적 기사의 갑옷을 뚫음). 그러나 잔

다르크 등장으로 칼레 항구 외에 전 영국군을 몰아냄. 장미전쟁(1455-1485) 후 영국 귀족은 반으로 줌. 랑카스터 집안의 헨리7세와 요크 집안의 엘리자베스의 결혼으로 종식.

헨리 7세부터 약 100년은 의회는 이름뿐임. 헨리8세(가장 강력한 왕권)는 6명의 아내와 결혼, 2명의 아내를 사형함. 첫째 왕비 캐서린의 시녀인 '앤 블레인'을 사랑하고, 교황은 캐서린과의 이혼을 거절하면서 교황은 파문을 선언함. 왕은 가톨릭과 인연 끊고 성공회로 출발(가톨릭, 성공회, 퓨리탄(칼빈파)으로 갈라짐). 앤 블레인은 딸을 낳아 책임 다하지 못하였다고 사형(그 딸이 엘리자베스 1세). 다섯째 하워즈는 품행이 단정치 못하다고 사형함. 1547년 첫 왕비 캐서린의 딸 메리여왕(피의 여왕)은 성공회를 금지시키고 가톨릭으로 돌아가고 성공회와 청교도를 무자비하게 탄압하고 수만 명을 화형장으로 보냄. 다음 엘리자베스가 여왕이 되자 성공회로 정하고 가톨릭과 청교도를 크게 탄압하였으나 훌륭한 정치로 영국의 국력을 크게 떨침. 해적 두목 드레이크를 해군 사령관으로 기용, 이스파니아 무적함대를 격파함(펠리페2세는 150척의 함대와 3만 명의 군대를 이끌고 영국으로 진격, 영국은 최신 개발한 대포의 사정거리가 훨씬 길어 100척을 격침). 신대륙 아메리카와 동양과 아프리카 등에 손을 뻗기 시작하여 1600년에 동인도 회사를 설립함. 아메리카 첫 식민지인 버지니아 지방에 1585년 남자 89명, 여자 17명이 정착하였으나 1589년에 다시 찾았을 때는 모두 병으로 사망, 그 후 1620년 청교도 102명이 '메이 플라호'를 타고 건너감. 엘리자베스 여왕 70세로 서거. 왕의 군대와 국회의 군대가 8년간 전쟁, 올리버 크롬웰은 2만 명의 군대를 이끌고 런던에 진격, 찰스 1세(1638년 권리청원 인정)를 포로로 잡고 1649년 영국 역사상 처음으로 사형을 선고함. 엘리자베스 1세 이후 40여 년에 걸친 왕과 국회의 싸움에서 왕이 패함. 크롬웰이 공포정치를 하다가 1658년 크롬웰이 죽자 프랑스에 도망가 있던 찰스 1세의 아들이 돌아와 찰스 2세가 됨. 왕당파 토리당(보수당 전신), 자유파 휘그당(자유당에서 노동당으로 대신) 합의하에 제임스 2세의 큰 딸 메리가 왕(1688년 명예혁명)이 됨. 윌리엄 3세는 1701년 왕위 계승순서를 정하는 법을 만들고, 뒤를 이은 앤 여왕(12년간)때 스코틀랜드와 잉글랜드가 합쳐 대 브리튼 왕국이 됨. 대륙과의 전쟁에서 영국을 구한 윌리엄 피트, 대 제국으로 끌어 올린 디즈레일리, 글레스튼, 윈스턴 처칠 등은 끊임 없이 조용히 영국을 개혁해 왔음. 빅토리아 여왕 때(1837-1901) 64년 동안 세계 최강으로 식민지 크기가 영국 본토의 100배였으며 19세기 들어 영국은 '해가 지지 않는 제국', '세계의 공장', '세계의 은행'으로 불림. 대영제국은 한때 육지 면적의 3분의 1을, 세계 인구의 5분의 1을 지배하고 영국에서 독립한 나라는 61개국에 달함.

제1차 제국

북아메리카, 서인도제도, 인도 등

제2차 제국

19세기 캐나다, 인도, 오스트레일리아, 뉴질랜드, 남아프리카 등 1956년 미국과의 수에즈 운하 분쟁으로 제국주의 막을 내림.

* 영국 산업혁명의 뒷받침

영국의 산업혁명은 중남미 도미니카 등에서의 설탕무역과 아프리카의 노예무역 즉 삼각무역의 부로 이루어짐. 영국은 바베이도스를 식민화하고 노예를 이용 설탕을 재배하고, 다음 자메이카에서도 노예를 이용하여 설탕 플랜테이션을 운영함. 런던에서 2시간 거리의 배스에는 설탕으로 이룬 대부호들이 많았음. 설탕재배는 노예무역으로 데려온 노예를 이용하므로 노예무역에 많은 투자를 함. 탄자니아의 잔지바르 노예시장에서는 노예 1

인과 총 3자루, 럼주 3통과 교환되었음.

* **영국 청국과 국교제안**

청나라 건륭황제가 83세의 수연을 맞은 1793년에 영국은 외교관인 조지 매카트니 경을 중국에 파견하여 상호 대등한 입장의 자유무역을 제안하고 국교를 맺을 것을 요청하고 매카트니는 대포, 마차, 보석 박힌 시계, 영국 도자기, 유명 화가가 그린 조지 3세와 왕비의 초상화 등 많은 선물을 준비하였다. 그러나 중국은 다른 조공국과 마찬가지로 황제를 만날 때 무릎을 꿇고 중국식으로 예를 다할 것을 요구하며 일언지하에 거절함. 영국은 윌리엄 피트와 암 허스트를 대표로 하는 2차 사절단을 중국에 보냄. 중국은 삼궤구고의 예 즉 무릎을 세 번 꿇고 머리를 아홉 번 조아리는 예를 강요하고 심지어 폭우 속에서 걷게 하며 자정이 넘은 시간에 자금성 입성을 강요할 때 암 허스트가 불평을 하자 황제가 이 사실을 알고 북경을 떠날 것을 명함. 영국은 1816년 프랑스와의 전쟁에 승리한 후 세계 최고의 재해권 장악을 알렸으나 중국은 무시로 대응하였음. 결국 1차 아편전쟁 (1840-42)에서 영국이 승리함으로써 중국은 문호를 개방함.

* **윌리엄 피트(1759-1806)**

영국의 정치가, 토리당의 당수로서 22세에 하원의원이 되었으며 1783년 24세에 최연소 수상이 됨. 1801년 수상 직에서 물러났으나 1804년 다시 선임 되어 사망할 때까지 17년 동안 정권을 잡음. 재정의 건전화, 의회제도의 개혁과 노예제도의 폐지 등, 신 토리주의에 의한 토리당으로 부터 탈피에 노력하였음. 프랑스 혁명의 파급 방지를 위해 '대불대동맹'을 지도하여 국내에서의 혁명적 태동을 억제함. 1800년 국내통일 강화의 관점에서 아일랜드와의 합병을 실현하였으나, 종교문제를 둘러싸고 국왕과 의견이 상충하여 사임함.

1804년 다시 수상이 되었으나 건강이 좋지 않던 가운데 아우스터리츠 전투의 비보에 접하자 병세가 악화되어 얼마 후 사망함. 20년 가까운 재임기간 중 수상의 지위를 확립한 공적은 높이 평가 됨. 피트가 영국의 흑인노예 제도에 대한 폐지운동을 돕다가 그 끝을 보지 못하고 세상을 떠나자 윌리엄 윌버포스가 그의 소원을 이뤄주기 위해 마지막까지 법원에서 지지 않고 노예제도에 대한 폐지를 하도록 하여, 결국 1807년에 노예제도는 법적으로 금지되었으며 1833년에는 일체 폐지됨.

* 빅벤(1858년 4월 10일)

런던 템스 강변 95m의 높이 건물에 무게 13.5 톤, 분침 길이만 4m가 넘음. 표준시 사용, 미국은 1883년 11월 18일 전국의 열차 시간표를 통합.

* 네덜란드의 분리

네덜란드에는 가장 큰 식민지였던 인도네시아에서 온 사람들이 20만여 명이 살고 있음(암보네제). 1588년에는 영국과 함께 무적 함대 격파, 1652년에는 바다의 패권 놓고 싸워 영국에 넘겨 줌. 방직공업이 가장 먼저 유럽에서 발달, 1793년 프랑스 혁명군이 네덜란드 점령 후에 영, 프, 오스트리아 등 연합국이 나폴레옹을 무찌르자 연합국은 네덜란드의 주권을 인정하고 왕국으로 탄생함. 네덜란드, 벨기에 한 나라였으나 신교 구교로 끊임없이 싸우자 1831년 강대국들이 모여 남부지방 벨기에의 독립을 승인함.

* 보통선거 실시

남자: 프랑스 1848년, 미국 1870년, 독일 1870년, 영국 1918년
여자: 미국 1920년, 독일 1920년, 영국 1928년, 프랑스 1946년

07
물물교환시대

중세는 476년 서로마제국 멸망부터 콜럼버스 대항해 직전까지 약 1천 년은 화폐경제의 마비로 시장경제가 실종되었음. 물물교환시대로 돌아간 암흑기, 특히 7세기 이후 지중해를 장악한 이슬람에 의해 해상진출이 봉쇄됨.

* 중세 상업도시의 인구

상업도시의 상주인구는 대체로 5천 명, 파리, 콘스타니노플, 베니스 등은 대략 10만 명이었고, 런던은 4만 명(전성기의 로마, 알렉산드리아 1백만 명)이었음.

* 세파르딤 문화

800년-1100년 사이 300년간 이베리아반도에서 유대인들은 세파르딤문화의 황금기를 만들었음. 코르도바는 유대인 학자, 철학자, 시인, 과학자들의 도시이자 문화의 중심지였고 코르도바 칼리프의 도서관 내의 책이 유럽전역의 도서관 장서를 합한 것보다 많았음.

08
미국의 성립

1585년 106명의 영국 이민자들은 버지니아 식민지를 건설했으나 배고픔과 질병으로 목숨을 잃음. 1620년 네덜란드로 이주한 청교도 102명이 메이플라워호를 타고 플리마스 식민지 건설, 1733년에는 조지아 식민지가 만들어져 총 13개의 식민지를 이룸. 독립전쟁 때 노예인구 50만 명, 1773년 보스턴 항구의 홍차 사건 후 1776년 독립을 주장하는 토마스페인의 8쪽의 '커먼 센스'가 출판(12만부 판매), 7월 4일 독립선언, 1778년 벤저민 프랭클린은 프랑스와 동맹 성공, 부르봉왕가(백합문장)의 총 대량 입수로 전황 역전, 육, 해군도 파견, 1783년 13개 주 독립인정, 1787년 헌법제정. 1803년 나폴레옹이 지배하던 루이지애나를 1,500만 달러에 매입, 1821년 스페인으로부터 플로리다를 양도 받고, 1845년 멕시코령 텍사스 합병, 1848년 미, 멕시코 전쟁 승리로 캘리포니아 병합(형식적으로 1,500만 달러에 구입), 1830년 잭슨 대통령 시 '인디언 강제 이주법'으로 1838-9년 사이 체로키족을 미시시피에서 오클라호마로 강제 이주시키는 과정에서 1만 2천 명 가운데 4분의 1이 사망함. 콜럼버스가 북미 도착할 시 약 100만 명 추정이 1890년경 25만 명으로 감소함. 1848년에 캘리포니아에서 금광이 발견되자 1849년에 약 10만 명이 육로와 해로로 몰려듦. 1860년대 미합중국의 인구는 약 3천만 명이었음. 남북전쟁의 사상자 수는 62만 명, 전쟁비용 50억 달러 소요됨. 1862년 홈스테드법을 제정하여 5년 이상 개척을 한 21세 이상의 시민에게 160에이커(약 20만 평) 무상수여로 서부개척이 가속화됨. 1869년 대륙횡단 철도가 개설되고 1880년 후 26만 2,000km에 이르고 19세기말 미국은 영국을 앞질러 세계 제1위의 공업국이 됨. 인구 1850년 2,300만 명에서 1910년 9,200만 명으로 증가. 1867년 러시아로부터 알래스카 720만 달러에 매입함. 링컨의 '인민에 의한, 인민을 위한, 인민의 정부'는 설교자 파커의 저서에서 인용, 링컨은 당선 후 '그 누구에게도 악의를 품지 않는다' 하고 남부군도 관대하게 대우함. 그는 연극 관람 중 광적인 남부주의자 배우로부터 등 뒤에서 저격당함. 1894년 공업생산 세계 1위, 1914년에는 영, 독, 프 3국의 합계보다 큼. 1898년 하와이 합병, 록펠러는 미국 석유의 95% 점유, 모건도 철도, 전신, 전화 전등, 은행, US스틸, GE 등 소유.

* 미국의 루이지애나 매입

1803년 프랑스로부터 구입. 미국은 로버트 리빙스턴(미국 최초의 대법관, 워싱턴 대통령 취임식 주재)과 제임스 먼로를 프랑스에 보내 뉴올리언스 매입을 협상하게 됨. 의외로 프랑스는 전비조달과 미국의 협조 필요로 루이지애나 매입(15백만 달러)을 제의, 당시의 면적은 현재의 루이지애나, 아칸소, 텍사스 동북부, 오클라호마, 콜로라도 동부, 미네소타, 미주리, 캔자스, 아이오와, 네브래스카, 노스다코타, 사우스다코타, 몬태나, 아이다호(14개주)로 매입 시 미국의 영토가 2배로 늘어날 뿐만 아니라 매장되어 있는 천연자원이 막대하였음. 제퍼슨은 비서였던 루이스 대위와 그의 친구인 클라크를 대장으로 한 원정대를 꾸려 2년 반 동안 대장정의 탐험을 지시(863일간 약 12,875km 탐험, 최고의 병사들과 사냥꾼, 인디언 여성 통역가 사카가위아(미국 1달러 동 전) 등이 참가하자 1805년 11월 태평양에 도달, 미국 최초의 대륙횡단을 함.

* 벤저민 프랭클린(1706-1790)

미국 건국의 아버지, 그가 좀 더 살 수 있었다면 그 역시 미국의 대통령이 되었을 인물. 13개의 덕목: 절제, 침묵, 규율, 결단, 절약, 근면, 성실, 정의, 중용, 청결, 평정, 순결, 겸손을 강조하고 '가난한 리처드의 달력'을 1733년부터 1758년까지 해마다 출간하여 폭발적인 인기를 얻으며 충고, 금언, 격언, 일기 예보 등과 함께 실용적이고 너그럽고 온화한 명언들을 실어 국민 정신 운동의 초석을 놓았음. 필라델피아 사람들에게 맨 처음 전기를 소개하고 피뢰침을 발명함.

벤저민 프랭클린

"사랑받고 싶다면 사랑하라, 그리고 사랑스럽게 행동하라"("If you would be loved, love and be lovable.")
"준비에 실패하는 것은 실패를 준비하는 것이다."
"인생의 비극은 우리가 너무 일찍 늙고 너무 늦게 현명해진다는 것이다."
"시간이 돈이다"("Remember that time is money" 1748년 젊은 상인에게 충고)

* 찬사 박수

남성에게 - 브라보(Bravo)
여성에게 - 브라바(Brava)
여러 명(남자 또는 남녀)에게 - 브라비(Bravi)
여성 여러 명에게 - 브라베(Brave)
서양에서는 휘파람대신 발 구르기

* 쿨리

가난한 노동자를 힌두어로 쿨리, 중국어로 '고력'이라고 함, 싱가포르를 매수한 영국은 거점 구축을 위해 1820-30년 6,000-8,000명의 중국인 쿨리를 데려감. 19세기 후반 50년 동안 미국에는 36만 명의 중국인이 유입. 캘리포니아 금광에서도 한때 2만 명, 영국의 식민지 인도에서는 1850년-1910년 60년 동안 약 1,600만 명의 쿨리가 영국, 프랑스, 네덜란드의 식민지에 노동력으로 유출됨. 간디 젊은 시절 남아프리카에서 인도인의 권리 옹호 운동을 함.

* 오스트레일리아

1788년에 영국은 오스트레일리아를 유형지로 삼아 717명이 들어가 살게함. 감시를 맡은 군인을 지배층으로 하는 사회가 성립됨, 1829년부터는 자유민의 이주 시작, 1973년 백호주의 포기, 아시아 사람들이 이민의 3분의 1이 됨.

* 라틴 아메리카

1810년 나폴레옹군이 스페인을 점령하자 본국의 정치적 위기를 이용하여 1811년 베네수엘라는 독립을 선언하고 1813년 베네수엘라 출신 볼리바르가 독립운동의 지도자가 되어 대 콜롬비아공화국을 건국하고 대통령이 되자 페루, 볼리비아(볼리바르의 이름을 따서)를 해방시킴. 1814-1821년 우루과이, 아르헨티나, 칠레, 맥시코, 1824년 페루, 1825년 볼리비아 독립. 당시 경제적 진출 목적으로 영국은 독립을 적극적으로 승인함. 빈부의 격차 극심했으며 칠레의 경우 670 가구가 전체 사유지의 64%를 소유함.

* 외부민족이 완성한 국가

오스만(투르크)제국, 무굴제국, 청 제국

* 공리주의

영국의 법학자, 철학자, 변호사인 제러미 벤담(1748-1832)이 주장한 사상. '최대 다수의 최대 행복' 즉 어떤 행위의 결과나 선악의 판단 기준을 '인간의 이익과 행복을 늘리는데 얼마나 기여했는가?'에 두는 사상. 자유경제, 정치와 종교의 분리, 표현의 자유, 양성 평등 등도 주장. 세계의 법과 정치체계에 큰 영향, 보통, 직접, 비밀, 평등의 4대 원칙 확립에도 기여함.

* 루이 브라유(1809-1852)

4세 때 시력을 완전히 잃음. 자립심을 키우기 위해 부모는 우물에서 가족이 마실 물을 떠오게 함(도전 정신과 용기, 끈기를 위해). 1819년 10세에 파리의 왕립맹아학교에 입학, 3년간 연구 끝에 1824년 15세 때 점 6개로 알파벳 26글자를 표기할 수 있는 점자 만드는 데 성공. 4개의 점으로 된 뉴욕 포인트가 있었으나 현재는 6점 점자가 세계에 통용. 한국에는 1920년에 6점 점자가 들어오고 제생원시각장애인부(현 맹아학교)의 교사와 학생들이 한글 점자를 연구하여 1926년 '훈맹정음'을 발표함.

09 종교전쟁

1. 위그노 전쟁(프랑스): 1572년 약 3천 명의 위그노가 학살당하면서 시작, 위그노(칼뱅파 신교도) 1560년경 10만-30만 명 거주, 영, 네 대 스페인(가톨릭), 1598년 앙리 4세의 '낭트칙령'으로 종교 선택의 권리 부여

   스페인령 네덜란드(모직물업과 무역으로 '스페인 왕국의 보물')에 스페인 2만 명의 군대를 주둔시키고, 6년에 걸쳐 8천 명 처형하자, 10만 명이 국외로 도망, 독립전쟁 후 1581년 독립을 선언

2. 독일의 30년 전쟁(1618-1648): 1618년 보헤미아의 수도 프라하에서 신교 귀족이 궁전 창문 밖으로 대관을 던져 버린 일이 계기가 되어 덴마크, 스웨덴, 프랑스 대 스페인(신성로마황제), 구교 측 용병 10만 명은 약탈에 의한 병사의 급료가 충당되었기 때문에 독일 중심부는 황폐해져 1,800만 명의 인구가 700만 명으로 감소함. 변경인 엘베강 동부만 해를 면하여 프로이센이 성장

3. 영국의 청교도 혁명(1642-1649)
   '싸우는 교회' 청교도로 된 군대는 찬미가 부르며 돌격, 국왕 처형, 공화정으로, 크롬웰 호국경이 되어 의회 해산하고 독재자가 되어 아일랜드 정복, 항해법 선포, 네덜란드 해운에 타격을 줌.

* **기독교인들의 살해**

다신교를 믿는 로마인들이 살해한 기독교인은 몇 천 명을 넘지 않았음. 1,500년간 기독교인은 사랑과 관용에 대한 종교의 다른 해석을 지키기 위해 기독교인 수백만 명을 학살했음. 하루 동안 기독교인이 학살한 기독교인은 다신교를 믿는 로마제국이 제국의 존속기간을 통틀어 살해한 기독교인의 숫자보다 많았음.

10
바티칸

서기 756년 프랑크 왕국의 피핀 왕이 로마 성과 그 주위의 땅을 교황에게 바쳤음. 후에 교황의 권세가 점점 높아지면서 그를 군주로 한 교황 국이 이탈리아 중부에 세워졌음. 영토는 4만 km²에 달했고 수도는 로마로 정했음. 1870년 로마에서 교황통치에 반대하는 봉기가 일어나자 이탈리아 국왕은 로마를 점령하여 이탈리아의 수도로 선포하게 되자 교황 비오 9세는 로마 서북부에 있는 바티칸으로 밀려나게 되었고 라테나노 궁과 일부 사원과 궁전을 제외한 나머지 영지는 모두 이탈리아에 점령당했음. 1929년 2월 11일 이탈리아의 무소리니는 교황청과 라테나노 협약을 체결하여 바티칸은 국경, 교황의 권리와 지위를 인정받음. 협약이 체결되는 날 수많은 사람들이 성 베드로 광장에 모여 폭우를 맞아가며 쉬지 않고 가슴에 십자가를 그어 대고 그들은 뜨거운 눈물을 흘리면서 교황의 출현을 기다리고 있었음. 교황은 나타나 손을 흔들어 인사를 하고는 사람들에게 큰 소리로 "이탈리아가 하느님의 품으로 돌아갔습니다. 하느님께서도 이탈리아로 돌아가셨습니다."라고 함. 바티칸은 자신들만의 국기, 휘장, 국가, 군대와 법원을 갖고 있으며 세계 백여 개 이상의 국가, 지역과 정식적인 외교관계를 맺고 있음. 상주인구는 약 8백 명으로, 모두 성직이며 신부나 수녀들임.

바티칸

* 가장 나이 많은 나무

미국 캘리포니아 인요국립공원의 "므두셀라", 4853살(2022년 현재) 한국 용문사 은행나무 약 1,100년, 평창 발왕산 왕주목 1,800년

11
임진왜란(1592-1598)

조선은 150여 년간 왜와 거의 수교가 없었고 선조는 왜와 국교를 새로 틀 생각이 없었음. 1590년 4월에 황윤길, 김성일 등 대마도에 도착, 히데요시는 국서 수령을 5개월이나 지체 후 수령하여 1591년 3월에 통신사 부산에 도착함. 1차 임진년(1592년 음 4.13.) 일본 함대 700척으로 침입(당시 조선 정규 병력은 8천 명), 2차 정유재란(1598년)을 합쳐 임진왜란이라 함. 당시 조선은 연산군과 명종 대에 이르는 4대 사화와, 훈구와 사림 간의 계속된 정쟁으로 중앙 정계의 혼란, 사림세력의 당쟁으로 군국기무를 관장하는 비변사 등 국방체제가 붕괴된 상황이었음. 반면 일본은 유럽 상인이 들어와 신흥 상업도시가 발전하고 있었고 도요토미는 전국시대를 통일, 봉건지배를 강화하고 제후들의 강력한 무력을 해외로 방출하여 국내의 통일과 안전을 도모하면서 신흥세력을 억제하고자 하였음. 일본은 출전 시 병력 15만 8,700명의 전투부대를 포함 전체병력 20여 만 명을 동원함. 일본의 총 병력은 30여 만 명(나고야에 10만 명, 경도에 3만 명), 부산에 상륙한지 18일 만에 한양 점령, 평양을 거쳐 함경도까지 진격함. 명은 조선요양부 총병 조승훈의 평양성 공격 실패하자 심유경을 파견 화의를 제청함. 1593년 음력 1월, 명의 이여송, 소응창의 4만여 대군, 조선군과 합세 평양을 수복함(서애는 형 겸암(류운용)이 만들어 준 평양지도를 이여송에게 전달, 이여송 놀람). 명은 처음 파병 3천여 명에서 종전 무렵 10만여 대군 조선에 주둔함. 진주대첩(1592.10). 행주대첩(1593. 2, 화차, 수차 ,석포의 활약), 한산대첩(1592. 7. 47척 격침, 12척 나포), 노량

해전(1598. 11. 18. 조선(70척), 명(400척) 연합함대 적 500여 척과 난투 200여 척 격침, 200여 척 이상 분파, 100여 척 나포, 50여 척만 도주, 마지막 해전)의 대패로 1593년 일본 명나라에 휴전을 제의함. 조선은 비격진천뢰를 개발하고 일본군은 경상도 해안일대로 물러남. 3년간 회담하였으나 별다른 진전 없었음. 결과 민간인 포함 조선 측 사망자 18만여 명에서 1백만 명으로 추정되고 경작지 66% 파괴, 경복궁, 창덕궁 소실, 전주사고만 남고 모두 소실, 건축물, 미술품 소실, 일본 10만 명에 달하는 조선인을 납치하였는데 대부분이 도공이나 공예기술자였음. 1598년 도요토미 사후 일본군 조선에서 철수함.

* 이순신(1545-1598)

조선중기 임진왜란 시 삼군수군통제사로 나라의 존망이 위기에 처했을 때 바다를 재패한 명장. 1차 출전 5월 4일 판옥선 24척과 협선 15척 등 85척을 이끌고 출동, 옥포에서 3회 접전 끝에 왜선 40여 척 섬멸하고, 3차 출전 7월 8일 한산도에서는 와키사카 야스하루의 일본함대를 견내량으로 유인, 학익진의 함대 기동으로 급선회하여 일제히 포위 공격하여 73척 중 12척을 나포하고 47척을 불태움. 장군은 탁월한 전략과 전술로 23전 23승의 승전을 올리고 노량해전에서 전사함. 시호는 충무. 이순신 장군은 1. 왕과 신하들의 시기, 질투, 모함 심지어 훼방까지 받아 가면서도 승리로 이끌고 2. 식량조달, 선박 건조, 무기생산, 의류 및 보급품 등을 스스로 조달하면서 전쟁을 하고 3. 장군의 전승은 싸우지 않고 이기고, 싸워야 하는 경우 최소의 소모로 승리하고, 싸움마다 승리했음.

한산도 해전에서 참담한 패배를 당했던 왜군 장수 와키사카 야스하루는 "내가 제일로 두려워하는 사람은 이순신이며, 가장 미운 사람도 이순신이고, 가장 좋아하는 사람도 이순신이며, 가장 흠모하고 숭상하는 사람도 이순신이다. 가장 죽이고 싶은 사람도 이순신이고 가장 차를 함께 마시고 싶은 사람도 이순신이다"라는 말을 후손에게 남겼다 함.

* 임진왜란 승전의 배경

1. 이순신 장군의 탁월한 전략과 전술, 지도력

    ('죽고자 하면 살고, 살고자 하면 죽으리라'라고 함.)
2. 판옥선(평저선)의 우수성
3. 강력한 화포

* 도고 헤이하치로

젊은 시절 영국에서 유학하고 러일전쟁에서 대승을 이끈 후 일본에서 영웅으로 칭송받은 그는 "나를 영국의 넬슨 제독과 비교해도 좋습니다. 그러나 조선의 이순신 장군과는 견줄 수 없습니다. 이 도고가 다시 태어난다 해도 이순신 장군을 따라 갈 수가 없습니다."라고 함.

* 세계 5대 해전

1. 악티움 해전(기원전 31년, 옥타비아누스 400척 대 안토니우스, 클레오파트라 500척, 옥타비아누스의 부장 아그라파가 바람의 방향을 계산한 전술로 기선제압)

2. 한산도 해전(학익진법으로 73척 중 59척 불태우거나 나포, 14척 도망)

3. 트라팔카 해전(영국함 27척이 프랑스함 5척 격침, 17척 포획, 전사자 약 8,000의 대승, 신개념의 전술로 기함 빅토리아호의 중앙돌파로 적 함대를 둘로 갈라놓은 후 평행 상태에서 발포 후 90도 선회)

4. 대마해협 해전(1905년 러일전쟁 시, 일본의 연합함대사령관 도고 헤이하치로는 T자형 기동전술로 러시아 연합함대 50척 중 19척 격침, 5척 포획, 6척 무장해제, 포로 6,000명 등 대승)

5. 미드웨이 해전(1942년 미일전, 미국 항모 1척, 일본 항모 4척 소실)

* 살라미스 해전(기원전 480년 테미스토클레스 제독의 그리스 연합 370여 척은 작고 기동력 있는 배로 페르시아의 800여 척을 물리침)

* 칼레 해전(1588년 영국의 하위스 제독 스페인 무적함대를 격파, 갈레온 선들이 좁은 대신 길이를 늘려 더 많은 포를 탑재하고 기동성이 우수했음)

* 징비록

숙종 때인 1695년 일본에서 번역 출간됨. 일본 방문한 조선 사신이 조정에 보고하자 서인정권인 조정은 '징비록'을 금서로 지정하였음. 그 후 300년간 조선에서는 징비록을 읽지 않았음. 300년 후 일본의 침략을 받아 36년간 식민지가 되고 징비록은 징비에 실패함.

* 광해군(재위 1608-1623)

내정과 외교에 비범한 정치적 역량을 발휘함. 임진왜란 뒤의 사고정비, 서적 간행, 대동법시행, 호패의 실시, 후금이 일어나는 새로운 정세에 현명한 외교 정책으로 전란회피 노력을 함. 그러나 동복형 임해군과 적통 영창대군을 살해, 인목대비 호 삭탈, 명을 배반하고 후금과의 평화관계 유지는 성리학적 윤리관에 패륜으로 여겨져 인조반정을 가져 옴.

* 유극량

어머니는 전 영의정 홍섬의 아버지인 홍언필의 노비였음. 옥잔을 깨뜨려 도망 하여 평민과 결혼하여 낳은 아이가 커서 유극량임. 유극량은 무과에 급제하고 난 후 이 사실 알고 이조 판서 홍섬 찾아 노비가 되어 죄 값을 치룰 것을 요청하자 기개에 감탄한 홍섬은 노비문서를 불태움. 나중 이순신 직전 1591년 전라좌수사 시절 엉망이던 좌수영의 기강을 바로잡고 무기와 병선을 손봄(실전 준비의 철저), 그러나 병사들이 노비 출신인 지휘관의 명을 따르지 않을 것을 우려, 좌천하고 신립의 보좌관이 됨. 조령에서의 저지 건의를 묵살 당하고 임진강 전투에서 신할의 무모한 선제공격 주장을 꺾지 못하고 공격에 참여 후 복병에 당함.

12
병자호란

후금은 국호를 대청으로 고치고 1636년 12월2일 심양을 떠나 1637년 1월 까지, 청 태종은 12만 명의 대군을 이끌고 조선을 침략하자 선봉인 마부대는 임경업이 지키는 백마산성을 피하여 서울을 직행 10여 일 만에 개성을 지나 서울 근교에 와서, 16일 만에 남한산성에 이름(40여 일 만에 성 안 식량 떨어짐). 10여 만 명 청군이 포위하고 청태종 다음 해에 탄천에 12만 명을 집결시킴. 인조는 피신 45일 만에 성에서 나와 삼전도에서 항복함. 소현세자와 봉림대군(효종)을 인질로 데려 가고 청군에 포로가 된 자가 3만여 명이었음. 인질 제외 심양 노예시장에서 60만 명(50여 만 명 여자, 돌아온 여자 환향녀) 이상이 거래되었다 함.

* 차예량(미상 - 1641)

호는 풍천, 병자호란 때 인조가 삼전도에서 청 태종에게 무릎을 꿇고 신하의 예를 취하자(1637년), 차예량은 나라의 치욕을 참을 수 없어 청 태종을 죽이려고 전답, 가옥 등을 팔아 큰 배를 사서 최효일을 등주에 보내어 여러 장수들을 규합하여 심양을 공격케 하고, 자신은 심양으로 들어가 당시 심양에 볼모로 잡혀 온 명나라의 관귀 장군과 같이 거사를 계획하였으나 사전에 탄로가 나서 관귀와 함께 처형되었으며 이로 인하여 고향에 있는 차씨 일족도 처형당함. 숙종 때 호조참의로 추증되었다가 다시 병조참판에 추증됨. 의주의 현충사에 제향됨.

13
영국 동인도회사와 인도

무굴제국 쇠퇴 후 벵골지방에서 자립한 나와브 왕국은 프랑스 동인도회사와 제휴, 영국 동인도회사(1600. 12. 31. – 1873, 272년간 존속)와 전쟁을 벌였으나 영국의 승리. 1757년 32세의 영국동인도회사의 직원 로버트 클라이브는 용병 3,000명을 이끌고, 기병 2만 명, 보병 5만의 프랑스, 인도군대를 격파함(치밀한 계획과 통일된 편제, 기계처럼 정확한 사격으로). 전성기에는 영국 동인도회사의 보유병력은 30만 명 이상(영국 정규군의 2배 이상). 영국은 벵골지방을 지배하고 1765년 까지 벵골의 국고에서 526만 파운드의 재산을 수탈하고 1765년 동인도회사에 벵골지역 총독 권한을 부여함. 1770년 벵골에서 대 기근으로 주민 6분의 1이 아사함. 영국은 인도를 100년간 식민지화하고 1857년 세포이(인도인 용병)반란으로 한때 철수 후 1859년 승리 후 무굴황제 폐위시키고 동인도회사를 해체하고 1877년 영국령 인도제국을 수립하여 영국의 식민지로 함.

* **영국인의 인도지배**

인도에 부임하는 영국 장교들은 길게는 3년간 콜카타 대학에서 영국법과 함께 힌두법과 무슬림 법을, 라틴어와 함께 산스크리트어, 우르두어, 페르시아어, 수학, 경제학, 지리학과 함께 타밀, 벵골, 힌두스탄 문화를 배워야 했음. 이런 지식이 있었기에 5천 명이 되지 않는 장교, 4만-7만 명의 사병, 사업가들, 한량들과 그들의 가족 모두 10만 명의 민간인들은 19세기 전반과 20세기 초에 걸쳐 최대 3억 명에 이르는 인도인을 정복하고 지배했음. 제국에 의해 축적된 지식은 이론적으로는 피지배 민족을 이롭게 하고, 의료와 교육을 제공하고, 철로와 운하를 건설하며 정의와 번영을 보장한다고 제국주의자들은 주장했음. 그러나 이런 신화는 거짓임이 종종 폭로되었음. 1764년 영국은 인도에서 가장 풍요로운 벵골 지방을 정복하고 잘못된 경제정책을 채택했고 1769년-1773년 동안 대 기근이 계속되어 이 재앙으로 벵골 주민의 3분의 1에 해당하는 1천만 명 가까운 사람이 죽었음.

* 청나라

원의 실패에서 교훈을 얻어 명나라의 여러 제도를 물려받고 유학 등의 전통 문화를 적극적으로 배움. 4대 강희제(8세의 나이에 즉위하여 61년간 지배)는 학문을 좋아했고 술과 담배를 전혀 하지 않았고 진중에서도 300개의 상소문을 읽음. 강희, 옹정, 건륭 등 3명의 황제가 지배한 130년 동안 사상 최대의 중화제국을 이룸.

* 명나라의 만리장성

북방 유목민족을 막기 위해 높이 7m, 상부의 폭 4.5m, 총 길이 2,400km건설

* 후추

16세기 초 인도에서 은 1kg에 산 후추는 유럽 항구에 도착하면 금 1kg에 해당하였음. 16세기 상업혁명은 18세기 산업혁명의 준비과정이 됨.

* **설탕 수요와 노예 수요**

커피, 홍차를 마시는 문화는 설탕수요를 급증시킴. 설탕은 15세기 말 1인 연간 소비량이 400-500g이었으나 18세기에는 약 7kg이었음. 1650년대는 귀중품, 1750년대에 사치품, 1850년대에 대중화됨. 사탕수수의 재배, 면화, 담배, 커피 재배에 대한 대량의 노동력이 필요하여 흑인노예의 수요가 급증하자 영국은 스페인 식민지에 대한 독점적 노예 무역권을 획득하고 노예무역을 주도함. 노예 1인을 2-5파운드에 사서 25-30파운드에 판매함.

14
노예무역

영국인의 연간 설탕 섭취량은 17세기 초에는 거의 없었지만 점점 늘어 19세기 초가 되자 8kg으로 늘었음. 사탕수수를 재배하는 것은 노동집약적인 사업 이었기에 농장주들은 노예로 눈을 돌렸음. 16세기에서 19세기까지 약 1천만 명의 아프리카 노예가 아메리카로 수입되었음. 노예들을 옮기는 과정에서 수백만 명이 사망했고 이 중 약 70%가 사탕수수 농장에서 일했음. 노예무역은 정부나 국가의 통제를 받지 않았고 순수한 경제 산업으로 자유 시장에 의해 조직되고 자금조달이 이루어졌음. 노예무역회사들은 암스테르담, 런던, 파리 주식거래소에서 주식을 판매했고 이 돈으로 배를 사고 선원과 군인을 고용한 뒤 아프리카에서 노예를 사서 미국으로 수송했음. 노예는 대형 농장의 주인에게 팔렸고 그 수익은 설탕, 코코아, 커피, 담배, 면화, 럼주 같은 농장의 산물을 구매하여 유럽으로 돌아와 설탕과 면화를 비싼 값에 판 뒤 다시 돛을 달고 아프리카로 향하여 같은 영업을 되풀이했음. 18세기 내내 노예무역 투자에 대한 연간 수익률은 약 6 퍼센트였음.

* 벨기에의 레오폴드 2세

1876년 벨기에의 왕 레오폴드 2세는 중부 아프리카를 탐사하고 노예무역과 싸우는 것을 사명으로 내건 비정부 인도주의 기구를 설립했음. 도로와 병원을 건설해 해당 지역 주민의 삶의 질을 개선한다는 책임도 주어지자 1885년 유럽 열강들은 이 기구에 콩고 강 유역 230만m^2의 통제권을 부여하기로 하였음. 그러나 인도주의 기구는 눈 깜박할 사이에 성장과 이윤이 진정한 목적인 기업으로 변했음. 그 운영의 대부분은 벨기에 관리들이 맡았으며 이들은 현지인들을 무자비하게 착취했음. 고무 산업은 악명이 높았고 고무가 중요산업의 필수품이 되자 고무 수출은 벨기에의 가장 중요한 수입원이 되었음. 고무를 수집하는 아프리카 촌마을 사람들에게는 점점 더 많은 할당량이 주어졌고 할당량을 채우지 못하는 사람에게는 팔을 절단해버리는가 하면 어떤 때는 한 마을 전체를 학살하기도 했음. 보수적으로 추정해도 1885-1908년 성장과 이윤을 추구하는 과정에서 희생된 사람은 6백만 명(콩고 인구의 20% 이상), 일부에서는 1천만 명에 육박한다고 주장함.

* 보험

로이드보험은 1688년 에드워드가 런던의 타워 가에서 커피하우스를 열면서 시작함. 1692년 로이드 뉴스 발간(선박의 항해 동향, 기후등과 여러 관심사). 1912년 타이타닉 호 침몰로 140만 파운드 보험금 지불(지금 원화 1,430억 원)로 파산이 예상되었으나 이를 지불함으로써 로이드 보험이 더 유명해짐.

* 증권폭락

1636년 네덜란드 튤립이 증권거래소에 거래(희귀 품종 개당 6천 플로린, 1인 연 평균 수입 150플로린)되던 중 1637년 파국.
1716년 프랑스 미시시피회사(1715년 존로는 미시시피회사를 사들여 조폐창, 세금징수권, 무역독점, 루이지애나 금광개발 선전, 배당금을 4%로 하자 프랑스 국채 수익률 보다 높아져 주가가 수십 배로 상승, 재정대신으로 임명됨.)의 거품 들어나자 폭락.

1720년 영국 남해회사(노예무역)는 정부로부터 받은 3,000만 파운드를 기반으로 하여 남해회사 새 주식을 발행하고, 100% 이자 배당하자 몇 달 만에 125파운드에서 1,000파운드로 치솟음. '거품법'이 통과된 후 주가 급락, 왕립 조폐국장이었든 과학자 아이작 뉴턴도 2만 파운드를 날림. "천체의 움직임은 계산할 수 있지만 인간의 광기는 예측할 수가 없구나"라고 말함. 그 후 영국, 프랑스 100여 년간 주식회사 설립 엄격히 금지함.

* 스피노자(1632-1677)

"인생을 비웃지도 말고, 슬퍼하지도 말고, 미워하지도 말고, 오직 이해하여라."

* 창문세금

프랑스는 필립4세 때인 14세기와 백년전쟁(1337-1453) 중에 '창문세'를 창문 넓이에 따라 부과하자 길고 좁은 창문으로 바뀜. 1688년 명예혁명으로 영국의 왕이 된 윌리엄 3세는 잦은 전쟁으로 전비를 위해 난로세를 없애고 1696년 창문세를 신설, 6개 이하 면제, 7-9개는 2실링, 10-19개는 4실링, 20개 이상 8실링을 부과함. 주택세가 생길 때까지 창문세는 150여 년간 지속됨.

15
권력 중심 유럽으로 이동

1775년 경 아시아는 세계 경제의 80%를 차지했고 인도와 중국의 경제를 합친 것만으로도 세계 총 생산의 3분의 2에 이르렀음. 이 권력 중심은 1750년에서 1850년 사이에 이르러 유럽인들이 일련의 전쟁에서 아시아 강대국들에게 모욕을 안기고 영토의 많은 부분을 차지했음. 기관총, 민간기술, 통조림은 병사들을 먹여 살렸고, 철도와 증기선은 군대와 장비를 수송하고, 새로운 의약품이 병사와 선원과 기관차 엔지니어들을 치료했고 유럽의 제국주의자들은 새 영토뿐 아니라 새 지식을 획득한다는 희망과 함께 주요 군사탐험대는 거의 모든 과학자를 태우고 떠났음. 1798년 나폴레옹도 이집트를 침공하면서 165명의 학자를 데려갔음. 1831년 대영제국 해군은 측량선 비글호를 보내 남아메리카 해안과 포클랜드 섬, 갈라파고스 제도의 지도를 작성하게 하고 지리학자로 케임브리지를 졸업한 찰스 다윈을 초청하고 종국에는 진화론을 꽃피웠음.

16
프랑스혁명

왕과 특권계층에 대한 불신과 지속적인 식량부족은 1789년 바스티유감옥 점거를 촉발, 인간과 시민의 권리 선언을 채택한 국민회의체제를 이끌어 내어 왕정 폐지와 공화정 수립을 선언했음. 엄밀히 말하면 1830년 7월 혁명과 1848년 2월 혁명을 함께 일컬음. 1789년의 혁명은 다른 두 혁명과 비교하여 프랑스 대혁명으로 불림. 부르봉 왕조의 재정 궁핍과 흉작으로 빵 값이 생활비의 88%가 되고 1793년 국민공회는 공포정치를 실시하면서 루이16세 처형, 이듬해에 걸쳐 약 50만 명 투옥, 왕비 마리 앙투아네트 등 3만 5,000명을 처형함. 1794년 로베스피에르파 전원이 심야 습격을 받고 다음날 처형됨.

1795년 5인 총재의 '총재정부' 성립으로 혁명이 종결됨. 혁명의 의의는 효율성이 높은 국민국가 성립(의회를 최고기관). 프랑스 혁명은 앙시앙 레짐을 무너뜨렸지만 75년간 공화정, 제국, 군주제로 국가 체제가 바뀌며 굴곡진 정치 상황이 지속되었으나 역사상으로는 민주주의 발전에 크게 기여함. 정치권력이 왕족과 귀족에서 자본가 계급으로 옮겨지는 전환점을 만들었음. 1. 고유영토 2. 공통의 역사, 문화 3. 단일법 체계, 국가가 징병권, 과세권을 가짐.

* 에머슨(1803-1882)
"혁명도 처음에는 어느 한사람의 가슴속의 생각이었다."

17
트라팔가 해전

1805년 10월 21일 이베리아반도 남서부 트라팔가 곶의 바다에서 넬슨이 이끄는 27척의 영국 함대와 33척의 프랑스 함대와의 대결임. 영국함대는 침몰함 0, 전사자 약 1,600명이고, 프랑스 함 5척 격침, 포획 17척, 전사자 약 8,000명, 영국 기함 빅토리아 호에는 '영국은 각자의 임무를 기대한다.'라는 신호기를 내걸었음. 넬슨의 전술은 신 개념의 전술로 기함 빅토리아 호의 중앙 돌파로 적 함대를 둘로 갈라놓은 후 이어지는 함대를 평행 상태에서 발포하고 90도 선회하여 적의 선열을 끊는 것이었음. 기존의 직선적인 공격과 평행적인 함대 배치를 뛰어 넘는 3차원적인 전술, 서양권에서는 해군 전술의 획기적인 변화의 시발점이 됨. 나폴레옹은 영국 상륙을 단념, 1806년 영국에 대해 대륙붕을 봉쇄하자 이를 어긴 러시아에 1812년 진격하였으나 패퇴하고 1814년 연합국의 파리함락으로 엘바 섬에 유폐. 그러나 넬슨도 전사, 영국은 해전의 승리로 서인도 제도 등의 식민지를 잃지 않고, 아메리카의 주도권 싸움에서 영국 주도의 미국이 탄생하였음.

* 넬슨

1794년 코르시카 칼비 항구 공격 도중 한쪽 눈을 잃고, 1797년 산타크루스 공격 도중 한쪽 팔을 잃었으며, 1805년 트라팔가 해전에서 승리 후 목숨을 잃음.

* 빈회의

나폴레옹 실각 후 영토를 재편하는 국제회의, 1814년 90개 왕국, 53개 공국 대표에 의한 '빈회의'는 혁명에 대한 보수 반동에만 일치하고 이해관계 조정은 난항('회의는 춤춘다. 그러나 진전되지 않는다')을 함. 회의의 주제를 맡은 오스트리아 황제는 파티, 무도회 등에 3,000만 플로링(금 300-360톤 가치)을 소비함. 1815년 나폴레옹이 엘바 섬에서 탈출하여 유럽에 공포와 전율이 퍼지자 '정통주의'와 '세력균형'을 원칙으로 하는 '원래대로'의 빈 조약을 체결, 결론은 나쁜 사람은 나폴레옹이라는 결론을 냄. 프랑스의 희생은 최소한으로, 러시아, 프로이센, 영국, 네덜란드는 영토 확대, 신성로마제국이 해체된 독일은 '독일연방'으로 재생하여 1815-48년 빈체제(강국의 군사동맹과 거의 전 유럽 군주가 참석하는 '신성동맹')를 유지함. 혁명운동과 내셔널이즘을 억압함. 오스트리아 메테르니히는 두 개의 동맹을 교묘하게 조절하여 '봉건적 유럽'을 유지하는 중심 역할을 하자 빈체제를 '메테르니히 체제'라 함. 1820년대에 라틴아메리카의 스페인 식민지에서 독립운동이 일어나자 영국은 지지하고 메테르니히는 반대를 하자 영국의 5국 동맹(영, 러, 오, 프로이센, 프) 탈퇴로 빈체제는 반신불수가 됨.

* 7월 혁명

1830년 파리에서는 국왕이 의회를 해산, 출판의 자유를 막고, 선거권의 제한을 강화하자 민중 봉기, 파리 제압, 국왕 망명(7월 혁명, 들라크루아의 삼색기를 들고 민중을 이끄는 '자유의 여신')함. 상류층 시민들은 루이 필립을 새로운 왕으로 맞아 부르봉왕조만 무너뜨림. 1848년 루이 필립 퇴위, 망명(2월 혁명). 루이 나폴레옹 대통령 선출, 빈체제는 붕괴, 메테르니히는 영국 망명.

* 콜레라 창궐

1832년 런던에서 5,300명, 파리에서 1만 8,000명 사망

* 프랑스 나폴레옹 3세

1851년 쿠데타로 제정 선언, 파리의 대 개조, 철도망 확대, 제2회 만국박람회 개최, 1860년대 노동자 권리 확대, 양로 연금실시, 교육개혁, 크리미아전쟁에서 승리함. 그러나 멕시코 원정에 실패하고, 1870-1년 프로이센과의 전쟁에서 10만 병사와 함께 포로가 됨. 프랑스는 50억 프랑 배상, 알자스, 로렌지방 할양, 독일 제국 성립 선언을 하게 되고 제2제정이 붕괴됨. 프랑스는 1870-1940년 독일에 항복까지 70년간 '제3공화정', 삼권분립, 양원제, 7년 임기 대통령(헌법개정 353대 352의 한 표차)제로 운영됨.

* 술래이만 1세(1494-1566)

터키의 알렉산더, 오스만제국의 10대 술탄으로 재위 46년간 군사전략가로서의 능력이 뛰어나고 13차례의 대외원정으로 군사적 업적을 쌓으면서 오스만 제국의 최대 전성기를 이룩함. 왕후는 '후렘', 우크라이나 지방에서 살던 그녀는 타타르인에게 잡혀 오스만제국에 노예로 팔려 왔음.

* 예니체리

오스만 제국의 특수부대, 발칸반도의 기독교 가정에서 태어난 사내아이들로 납치된 후 튀르크인 가정에서 양육, 철저한 이슬람 병사로 혹독한 훈련과 무기 사용법을 익히고 이슬람의 정신교육을 마친 뒤 술탄의 근위대로 출발함. 엄격한 규율과 도덕률 요구, 결혼금지, 무서운 병정개미, 머리카락은 정수리 한 움큼만 빼고 박박 밀음.

18
흑인노예

16-18세기에 3천만-6천만 명의 흑인이 아메리카 대륙으로 끌려감. 그 중 3분의 2가 항해 도중에 목숨을 잃음. 17세기 이후 약 200년 동안 1,000만 명 이상의 흑인 노예가 아메리카에 존재, 영국 1807년 노예무역, 1830년 노예 제도 폐지, 미국 1863년 링컨 노예제도 폐지

* 특허장

1599년 런던 상인 80여 명이 회사설립과 동방무역의 독점권 요구, 엘리자베스 1세 특허장을 줌, 1600년 12월 31일 동인도회사 설립.
1877년-1887년 10년 동안 영국에 등록된 회사 주식회사 1만 5,165개

* 키오스 섬의 학살

1822년 그리스 독립선언으로 오스만제국의 정부는 고대 그리스 시인 호메로스의 탄생지 키오스 섬에서 1만 2천 명의 민중을 살해하고 4만 7천 명의 남녀를 노예로 함(들라크루아의 '키오스 섬의 학살', 36세의 바이런은 그리스의 서 남부의 메솔롱기온에 들어가 4,000파운드 보내고 함께 싸우려 했으나 3개월 후 병사함). 1827년 펠로폰네소스 서남단에서 영, 러, 프의 연합함대 27척은 이집트, 터키 함대 89척을 괴멸함. 열강은 1830년 오스만 제국과 '런던 의정서'를 체결하고 그리스 독립을 인정함. 이로 인해 발칸반도에 있던 슬라브인의 민족운동에 불을 붙임.

* 영국 빅토리아여왕

1837년 영국 역사상 다섯 번째 여왕으로 18세에 즉위 82세에 사망(64년간 재위), 9명의 자녀를 두고 42세에 남편을 잃음. 식민지 '인도제국'의 황제, 1850년대부터 1870년대의 영국은 '계급대립의 시대'에서 '협조의 번영시대' 로 나감. 영국의 기술, 기계공업 제품은 세계시장을 석권하고 인도, 오스트레일리아, 뉴질랜드, 캐나다는 영국의 식민지(팍스 브리타니카)가 됨. '세계는 우리의 농장, 영국은 세계의 공장'이라 함. 1870-74년 독, 프, 미의 선철 생산량은 520만 톤에 비해 영국의 생산량은 640만 톤에 달함. 영국은 산업자본가의 자유당과 소설가 출신인 디즈레일리를 지도자로 하는 보수당의 2당 체제였으며 자유당은 노동자를 끌어 드려 '노동당'으로 개칭함.

* 크림전쟁(1853-1856)

발칸반도 쪽으로 뻗어 나가려는 러시아의 니콜라이 1세와 영국, 프랑스(나폴레옹 3세), 터키 등 서유럽 열강들과의 싸움, 러시아 측 인명 상실 14만 명, 연합국 측 30만 명을 냄. 이 중 세바스톨 공방전에서 러시아 측 10만 명, 유럽 측 13만 명의 인명손실을 냄. 나폴레옹전쟁(1803-1815, 양측 350만 명 손실, 실제 전투 중 37만 명) 후 최대의 전쟁이었으며 연합국이 승리함. 연합군은 처음으로 총신에 강선이 있는 소총과 현대적인 총알을 사용하였으나 활강 화승총을 사용한 러시아군에 비해 사거리, 관통 능력, 정확도 등에서 압도 적이었음. 연합군은 전신을 최초로 사용함으로써 파리, 런던에서 현지 사령관과 교신을 할 수 있었음. '타임즈'의 하워드 러셀 기자(세계 최초 종군기자)는 전쟁 소식을 본국으로 보내 고통스러운 참상을 세상에 알리자 이 소식을 들은 런던 숙녀병원의 간호부장이었던 나이팅게일은 38명의 간호대를 조직하여 야전병원(전선 후방에 세워진 임시병원. 세계 최초로 세워짐)에서 국적을 가리지 않고 헌신적으로 병사들을 치료해 그를 '백의의 천사'라고 함. 이 전쟁으로 앙리뒤앙은 인도주의를 주장하여 국제적십자를 발족시켰고 1864년에 12개국이 최초로 일명 적십자조약이라고 일컫는 제네바협약을 맺게 됨.

* 이탈리아

프랑스의 힘과 유럽정국을 이용하여 통일함. 가장 큰 공적은 가리발디가 세움. 1859년 통일전쟁으로 사르디아 왕국 수상 카부르는 롬바르디아를 합병하고 프랑스에 사보아, 니스를 주고 중부 소국가들을 통일함("역사는 인생과 같아서 '항상 즉흥적'이다"). 1860년 가리발디는 양 시칠리아 왕국을 점령하고 사르디아에 헌상함. 이탈리아왕국 성립, 1866년 베네치아 합병, 1870년 교황청을 합병.

19
모스크바(러시아)

모스크바(목책이라는뜻)는 갈대가 우거진 조그마한 목책으로 우거진 도시. 4개의 강 상류에 위치해 물류의 중심지, 풍수상 번영의 길지, 오카 강, 볼가 강, 돈 강, 드네플 강이 있음. 최저 서열의 공국 모스크바는 몽골 때문에 오늘날 러시아의 중심이 됨. 몽골의 통치에서 독립한 이반4세 제위 시 1480년 모스크바 대공국의 영토는 8만km^2, 사람들은 16세기에서 17세기에 걸쳐 수출 상품 모피의 재료인 검은담비(러시아 전체 수입의 10%를 차지)를 찾아 시베리아(타타르어로 '잠들어 있는 땅')로 이주, 1622년 시베리아 거주 러시아인 2만 3천 명에서 1709년 23만 명으로 증가함. 국가는 국내 시장규모가 작아 시장을 개척하고 군사 정복에 의한 영토 확대를 모색하자 그 결과 1700년부터 1900년 사이에 하루 100km^2라는 엄청난 속도로 영토가 확장됨. 1858년 아이훈조약(청나라 지방관 무력으로 위협)으로 헤이룽 강 사이의 60만km^2 할 양, 1860년 북경조약(청일전쟁)으로 40만km^2 연해주 획득, 모스크바 러시아로, 이반 4세의 처가인 로마노프가 1613년 계승, 표토르 대제의 등장과 함께 모스크바 러시아는 러시아제국으로, 1917년 3월(러시아력 2월) 러시아 혁명까지 표토르 대제 서구화정책 실시, 알렉산더2세 러시아 근대화 착수(농노 해방령), 알렉산더 3세 전제정치, 니콜라이2세 전제정치(러일전쟁 패배와 펑의 일요일사건 이후 개혁 실시, 헌법제정, 의회설치, 1917년 2월 혁명으로 퇴위) 후 볼셰비키는 1920년 1300만 명의 희생자를 내고 내전에 승리 후

1922년 러시아, 우크라이나, 자카프카스, 백러시아 4개의 사회주의 공화국 단결로 소비에트연방을 수립. 레닌 사후, 스탈린 경제발전 5개년 계획 발표, 트로츠키 추방, 반대세력 탄압, 1,200만 명 체포, 100만 명 사형, 200만 명 수용소에서 사망함. 1941년 독일 독소 불가침조약을 파기하고 소련은 연합국에 참전함. 1985년에 등장한 고르바초브는 페레스트로이카(개혁)와 글라노스트(개방) 진행, 1989년 냉전 종식하고 1990년대에는 복수 정당제와 대통령제 도입.

* **명언**

'나이로 살기보다 생각으로 살아라.'
'젊음은 예쁘고 화려하지만 중년은 아름답고 신비롭다.'
'오늘은 어제 세상을 떠난 사람이 그토록 살고 싶어 했던 내일인 바로 그 날이다.'
'인생은 이생이 아니라 일생이다.'

* **중국의 변천**

1842년 아편전쟁으로 남경조약에 의해 청조는 홍콩 섬의 할양, 상해 등 5개항을 개항하고 영국은 아편대금 600만 달러 보상과 전쟁비용 지불을 요구함. 선교사 살해 빌미로 프랑스를 부추기고, 영국국기 모욕사건으로 영국은 애로 전쟁에 대한 북경조약으로 주룽반도 남부를 할양받음. 러시아에게는 중재의 대가로 광대한 연해주를 할양함. 1860-95년 양무운동(전통문화 온존 + 유럽 기술도입). 1894-5년 청일전쟁 후 변법자강운동(1898년 20대의 광서제는 강유위, 양계초 등용, 과거시험 개혁, 근대적 학교제도 창설, 상공과 농업의 진흥 등을 추진). 서태후와 보수 관료는 광서제를 유폐시키고 6인의 변법파 지도자를 처형하자 강유위와 양계초 일본으로 망명함(무술정변). 러일전쟁에서 일본이 승리하자 청 헌정실시 약속, 1905년 과거제 폐지, 1905년 일본 유학 8,000명, 이듬해 1만 8,000명, 1908년 헌법대강을 선포함.

* 청일전쟁(1894-1895)

청 전함 37척(일 52척), 청 개인 화기 모젤 사거리 110m 단발(일 무라타 180m 5연발), 일본은 뤼순을 점령 민간인 2만 명 학살함. 일본은 청일전쟁 후 1895년 시모노세키 조약으로 조선독립을 인정하고 청국국가 예산 3년분 2억 냥(일본 연간 재정수입 8배)의 배상금으로 규슈의 야하타 제철소를 건설함. 대만을 첫 식민지로 함. 중국은 세계질서 유지에 소외. 1895년 러시아는 독일, 프랑스를 끌어들여 '삼국간섭'을 함. 러시아는 여순과 대련을 25년간, 독일은 산동 반도의 교주만을 99년, 영국은 위해위를 25년간 조차하고 1895년 프랑스는 철도 부설권을 획득함. 1911년 사천 폭동 후 10월 10일 무창에서 신군 3,000명이 봉기하여 혁명정권 수립 2개월 동안 60% 해당되는 14성이 독립(신해혁명)함. 1912년 6세의 선통제 퇴위로 청 제국 멸망함. 1912년 손문 임시총통으로 중화민국 건국, 북양군벌 원세계가 대총통이 되었으나 1916년 사망.

20
일본의 개화

1543년 다네가 섬에 표착한 포루투갈인에 의해 총이 들어옴. 1582년 그 명중도가 우천 시의 기능이 세계 최고였으며 세키가하라 전쟁에서 동서 양진영이 합해 6만 정이 동원됨(당시 유럽 최대의 프랑스 군 소지한 총 1만 정). 1853년 미국 흑선(페리) 내항(당시 도시의 가로등은 고래 기름을 사용, 포경선의 기항지를 위해서임), 1854년 개국, 1857-1867년 쌀값이 9배로 폭등하자 하급무사, 하층민 막부에 대한 반감으로 1867년 명치유신(대정봉환). 1868년 유럽의 시스템과 문명 도입, 징병제 실시, 무사계급의 해체, 1871년 구미사절단 100명을 미국, 영국, 프랑스, 스위스 등 12개국에 22개월간 파견, 1872년 도쿄 신바시-요코하마 철도부설. 1873년 구미에 파견한 유학 생 373명, 300여 명의 외국인 고문 초청, 1874년 외국인 고용 총수 527명(144명교사), 외교, 국제법 고문들은 10-15년간 장기체류, 1874년 긴자에 가스등을 점등함. 1884년 로쿠메이칸(록명관)을 완공하고 11월 28일 내외인사 1200명을 초청, 연미복과 드레스의 무도회 개최. 모리 문교장관은 국어를 일본어 대신 영어로 할 것을 제안. 1404년 이래 150년간 일본은 조선에 60회의 사절 파견, 국왕의 경조사에 대한 예를 표하면서 대장경, 불상, 마곡 등을 무역, 1592년 임진왜란 시 18일 만에 수도 한양 함락.

"인생은 연극과 같다. 훌륭한 배우가 걸인도 되고, 삼류 배우가 대감이 될 수 있다. 어쨌든 인생을 거북하게 생각하지 말고 솔직하게 어떤 일이든지 열심히 하라"

-후쿠자와 유기치-

21
조선의 개화

조선에서는 1607년-1811년(약 200년간)까지 12차례 조선 통신사를 일본에 파견, 조선에서는 1653년 네덜란드인 하멜이 표류하여 입국하였을 시 15년간 억류, 처음 소총수로 친위대에 배속하였다가 남원과 순천으로 격리함. 네덜란드어 배운 자 없음. 1881년(고종 18년) 박정양 중심 신사유람단 10여 명이 70여 일간 일본 파견

* 조선시대 책값
분량이 많지 않았던 '대학'과 '중용'은 쌀 21-38말(논 2-3 마지기에서 나옴)값

* 제국주의시대
영국은 18세기 말부터 아메리카, 아프리카, 인도, 중국 및 오세아니아에서 식민지를 건설하고, 19세기 말부터는 프랑스, 독일, 미국, 일본이 식민건설에 가세하면서 1차 세계대전까지 지속됨. 1913년까지 유럽에서 세계각지로의 이 주는 3천만 명, 1870년대 후 과잉생산으로 대 불황이 20년간 지속됨.

* 아프리카의 분할
1870년까지는 유럽국가들 아프리카 대륙연안의 10% 정도를 지배하였으

나 1880년대-1900년경 아프리카 분할 종료, 1883년 벨기에 콩고 영유권 선언(1878년 미국기자 스탠리 콩고 강 유역 탐험, 고용 후 국제협회조직)이 발단이 되자 영국, 포르투갈 강하게 반발함. 독일의 중개로 14개국이 참가

1884-1885년 동안 100일 이상 베를린 서아프리카 회의 개최. '실효 있는 지배권' 즉 '선점권'을 확인함. 분할의 중심은 종단정책을 전개한 영국과 횡단정책을 전개한 프랑스였음.

* 남아프리카공화국

1869년 수에즈운하가 생기기 전 케이프는 유럽과 아시아를 잇는 항로의 보급지로 네덜란드 식민지였으나 1814년 빈 조약으로 영국령이 되면서 네덜란드계 이민인 보어인(농민 의미)은 오지로 쫓겨 원주민을 정복, 트란스발공화국, 오렌지 자유국을 건국함. 1867년 오렌지자유국에서 세계굴지의 다이아몬드광산이, 1886년 트란스발공화국 요하네스버그에서 세계 제일의 금광이 발견됨. 세실 로즈는 양국의 내정간섭 합병을 노림. 17세 때 폐병 요양을 위해 남아프리카로 온 세실 로즈는 금과 다이아몬드 채굴로 부를 쌓음. 자금을 제공한 것은 로스차일드, 1888년 남아프리카에 만들었든 드비어스사는 세계 다이아몬드의 80%를 점령. 영국의 노골적인 압력에 보어인 2개국이 선전포고 하자 영국은 20만 명 이상의 군대 파견으로 트란스발 수도를 점령함. 보어인들이 게릴라전으로 돌아서자 다시 25만의 군대를 투입하여 보어인을 강제수용소에 수용하고 밭을 태워버리고 양을 대량 살상함. 세계 비난 속에 초토화 작전을 펼침. 엄청난 전비와 2년 7개월의 세월 소요됨. 1902년 영국의 직할 식민지가 됨, 1910년 남아프리카 연방, 초대수상은 1913년 '원주민 토지법' 제정 13퍼센트의 불모의 땅을 4분의3을 차지하는 흑인에게, 87%는 백인 소유가 됨. 1961년 남아프리카 공화국이 됨.

* 올림픽

프랑스의 교육가 쿠베르탱이 '올림픽 제전' 주장, 1894년 스위스 로잔에서 올림픽위원회 설립, 1896년 아테네에서 제1회 국제올림픽대회 개최.

* 콩고

벨기에 령 콩고에서는 레오폴드 2세(세계 제일의 재산가, 바람둥이)는 스탠리를 고용하여 1883년 콩고의 영유를 선언하고 천연고무와 상아 등을 세금으로 징수, 불이행 시 사형 등 가혹한 지배를 한 15년 동안 콩고의 인구는 2천만 명에서 9백만 명으로 감소함. 아프리카에서 프랑스는 횡단정책, 영국은 종 단정책을 전개함.

* 미. 스페인간의 전쟁

1898년 스페인 식민지 쿠바에서 미국 전함 폭발로 260명 사망, 스페인의 소행으로 추정, 미국(제25대 대통령 매킨리)과 스페인 전쟁에서 미국이 일방적인 승리를 하자 쿠바의 독립 인정, 푸에르토리코, 괌 할양, 필리핀 2천만 달러에 매각함.

* 미국, 하와이 병합과 대통령의 사과

하와이에 대거 이주해 온 미국 이민자들이 미국 해병대의 지원을 받아 1893년 카메하메하 왕조를 무너뜨리고 공화국을 건설 후 미국과 병합을 요구, 1898년 매킨리 대통령 미국에 병합, 카메하메하 왕조의 여왕 '릴리오우칼라니'가 호놀룰루 봉기에 실패하고 나서 작곡한 것이 명곡 '알로하오에', 1993년 미국의회 하와이 병합에 대하여 원주민에게 사죄하는 결의

문 가결, 11월 클린턴 대통령 사과 성명 발표.

* 러일전쟁

1904년 일본은 병참선을 확보하기 위해 여순항을 기습 공격, 러시아는 내부 사정과 발틱 함대가 해전에서 패하자 강화조약을 체결함. 일본은 조선에서의 우월권, 요동반도 남부의 조차권, 사할린 남부 등 획득에 성공하였으나 배상 금은 획득할 수 없었음(일본 강화조약 1주년 국민대회 폭동). 그 후 1910년 대한제국 합병,

---

* 법인의 탄생

1555년: 무스코비사(해양탐험가 캐보트와 런던 상인들)

1600년: 영국동인도회사, 1657년 주식회사로

1862년: 회사법(이전은 정부의 허가 득해야 함)

22
영국의 발전

1568년 스페인의 화물선이 해적을 피해 영국 항구에 들어왔을 때 엘리자베스 여왕은 배에 실린 황금을 빼앗았음. 영국왕실은 자국 해적들에게 사략선 면허를 내주고 배에 함포를 설치하고 전시에 적선을 나포하는 면허를 가진 민간 무역선을 허용. 해적 드레이크가 1573년 한 해에 영국에 반입한 약탈물의 가치는 60만 파운드(1600년 영국 양털 수출액이 1백만 파운드)였음. '신사의 나라'라는 말은 이를 계몽하려고 나온 말. 1588년 스페인 무적함대 131척에 3천 대가 넘는 대포, 3만 5백 명이 영국으로 출격하였을 시 영국과 네덜란드의 연합군은 사정거리가 긴 장거리포로 65척의 전함과 1만여 병력을 침몰시킴. 1652년 설탕으로 촉발된 영국과 네덜란드 전쟁에서 이긴 영국은 1655년부터 서인도제도의 설탕무역의 종주권을 획득함. 네덜란드 상선이 오지 않자 바베이도스에 있는 유대인 사탕수수 농장주들은 부산물인 당밀을 노예무역과 삼각무역에 이용함. 당밀로 생산된 럼주는 아프리카에서 노예를 획득하는 수단으로 씀. 1656년 크롬웰은 유대인 이주를 허용(상인들과 성직자들의 반발을 예상해 비공식적으로 묵인)함. 세파르디계 유대인 무역업자들이 도버해협을 건넜음. 즉 세계의 경제력과 경쟁력이 도바 해협을 건넜음. 혁명당시 유대 금융인들이 크롬웰에게 대규모 전쟁비용을 제공하자 유대인을 위해 구도심지 역을 경제특구로 지정함(약 $2.6km^2$ 서울 중구 보다 약간 작음). 이것이 발전해 오늘날의 '런던 시티'(The City)가 됨. 1667년 2차 영국-네덜란드 전쟁은 네덜란드가 승리함으로써 뉴욕을 영국에, 사탕수수 산지인 수리남을 양도 하고 육두구 산지 반다제도를 네덜란드의 소유권으로 함(당시 경제적 가치가 높았음). 1672년 루이 14세가 네덜란드를 침공, 네덜란드의 윌리엄 3세는 루이14세와 평화조약을 맺음. 영국은 제임스 2세가 전제정치를 하고 가톨릭을 강요하자 명예혁명이 일어남. 토리당, 휘그당 양당지도자는 협의 하에 네덜란드의 윌리엄. 메리부처(사위)의 영국 입성을 요청하자 윌리엄. 메리부처는 1만 5천 명의 군대를 이끌고 영국 남서부에 상륙해 런던으로 진격함. 1689년 의회는 '권리선언'을 제출하고 승인을 요구하고 부부 공동으로 왕위에 오름. 영국으로 건너간 인원이 호위병력 포함 3만여 명, 민간인 가운데 반 이상이 유대인들로 세르파디 유대인 3천 명과 아슈케나지 유대인 5천 명인 8천 명이 영국으로 옮김. 짧은 기간에 선진적인 금융 산업 토대를 구축함. 1689년 영국의회는 '권리장전'과 관용법을 통과시키고 그 후 200년 이상 지구상에서 가장 관대한 관용정책을 펼침. 유대인들은 자유롭게 영국사회로 진입할 수 있었고 금융과 산업혁명에서 주요한 역할을 담당함. 이를 토대로 영국은 세계적인 패권국가로 비상하고 영국은 네덜란드로부터 세계 최고의 해상국가로서의 지위까지 넘겨받았음. 윌리엄 3세는 영란은행에 은행권 발행 독점권을 주는 칙허장을 교부(왕은 20만 파운드를 빌리고 이자만 주고 원금을 영구히 갚지 않아도 되게 하는 유대인들과 협상)함. 즉 민간 소유 중앙은행인 잉글랜드은행 곧 영란은행이 탄생함. 1694년 영란은행이 정부에 80만 파운드를 빌려 주었을 때 이 금액의 일부는 은행권형태로 정부에 지불함(영란은행 지폐의 원조).

영국은 유대인에게 '소매업' 종사를 금지를 하자 도매업, 유통업, 무역업, 은행업, 재정 분야에 주력함. 1669년-1750년 사이 영국의 지배자들은 네덜란드 지인들에게 영국 이주를 줄기차게 권유하자 런던은 17세기 초 15만 명에서 17세기말 40만 명의 대도시로 커지고 18세기 초의 영국은 세계에서 가장 넓은 해외시장과 가장 큰 상선 대를 보유하게 됨. 1662년 기술력 향상을 목적으로 왕립 런던학술원을 설립하여 산업혁명을 제도적 뒷받침 속에서 싹을 틔움. 1825년까지 기계 수출을 금지하고 완제품만 수출하다가 이후 증기기관, 목면, 공업용 기계 수출 홍수를 이룸. 19세기 들어 영국은 '해가 지지 않는 제국', '세계의 공장', '세계의 은행'으로 불림. 대영제국은 한때 육지 면적의 3분의 1을, 세계인구의 5분의 1을 지배함(18세기 말 5대륙 45곳에 식민지건설, 영토만 3천 7백만km^2). 제1차 제국: 북아메리카, 서인도제도, 인도 등, 제 2차 제국: 19세기 캐나다, 인도, 오스트레일리아, 뉴질랜드, 남아프리카 등, 1956년 미국과의 수에즈운하 분쟁으로 제국주의 막을 내림.

* 영국의 거래

세계 외환거래의 32%, 주식의 45%, 석유의 50% 거래를 점유하고 금속과 탄소시장을 사실상 독점함(영국 경제의 75%를 금융과 유통 등 서비스 산업에 의존).

* 명언

'생활은 검소하게, 생각은 드높게' - 윌리엄 워즈워스-
(Plain living and High thinking)

* 영국의 삼각무역(직물, 총기, 노예, 사탕수수)

영국 리버풀에서 직물, 총기, 술, 유리구슬을 싣고 아프리카에서 흑인 노예와 바꾸고 이를 신대륙에 팔아 사탕수수, 담배, 면화, 커피 등을 싣고 유럽으로 돌아옴. 영국 유대인들이 노예무역을 주도하게 된 것은 1670년대에 교황이 노예무역금지를 명하자 스페인과 포르투갈이 노예무역에서 철수했기 때문임.

18세기 접어들면서 설탕수요 급증(식생활과 커피, 홍차)하여 16세기 초 영국의 1인당 연간 설탕 소비는 5백g, 17세기에는 약 2kg, 18세기에는 약 7kg, 1650년 귀중품, 1750년 사치품, 1850년에는 생활필수품이 됨.

* 노예무역

초기 노예상인들은 2-5파운드에 노예를 사서 25-30파운드에 팔았음. 노예무역은 16세기에 본격화하여 19세기 중반까지 3백여 년간 계속됨. 노예는 새벽 3시부터 17시간 강제 노역을 함. 노예무역은 영국이 가장 적극적이 었고 17세기 영국 자본 형성의 3분의 1이 노예무역으로 추산됨. 서아프리카 내륙에서 벌어진 약탈 원정에서 잡힌 사람들(서아프리카 부족의 왕들은 전쟁포로나 이웃 마을에서 납치한 주민들을 유럽 노예상에게 팔음)이 16세기-19세기까지 아메리카로 끌려간 아프리카인은 1천 5백-2천만 명으로 추산되고 1860년 인구조사에 따르면 미국인 40만 명이 노예 4백만 명을 소유함.

23
제1차 세계대전(1914-1918. 11. 11)

러일전쟁 후의 상황은 독일, 오스트리아, 이탈리아(3국 동맹)와 영국, 프랑스, 러시아(3국 협상)로 대립되고 있었으나 사라예보 방문 중인 오스트리아 황태자 사건으로 오스트리아는 헝가리, 세르비아에 최후통첩을 함. 1914년 전쟁은 동맹국인 독일, 오스트리아, 투르크(오스만제국), 불가리아 4개국 대 협상국 27개국과의 전쟁으로 됨. 독일 측은 6주 만에 전쟁종료 예측했으나 벨기에의 저항으로 프랑스 침공에 애를 먹고 러시아의 동원체제가 예상 외로 빨랐음. 전쟁이 시작된 1914년에 프랑스의 20세부터 32세 남성의 절반이 전사함. 1916년 베르됭 전투에서 독일33만 6천 명과 프랑스 30만 2천 명의 사상자가 발생하고 독일패망의 원인을 제공하게 됨. 독가스, 탱크, 비행기가 등장하고 협상국 4,835만 명, 동맹국 2,516만 명이 참전하여 협상국 전사자와 부상자는 약 1천만 명과 동맹국 약 2천만 명이 되었음. 대포의 대형화, 기관총, 독일 크루프사의 대포(사정거리 120km), 비행기, 비행선, 대형 전함, 잠수함, 어뢰 등이 등장함. 1917년 러시아는 혁명으로 전선을 이탈하게 됨. 독일의 무제한 잠수함 작전(미국인 128명 사망)을 구실로 미국이 참전함. 1918년 독일을 제외한 나머지 동맹국은 이탈하고 독일 혁명으로 독일제국 무너지고 신정부는 1918년 11월 11일 전쟁을 종료함. 양측 990만 명 손실, 실종 774만 명(1,700만 명), 부상자 2,000만 명, 민간인 1,300만 명, 군민 계 3,000만 명 손실, 결과적으로 러시아는 볼셰비키 혁명을 이끎.

유럽나라들은 채무국으로 되고 군수품, 식량 공급한 미국은 전쟁 전 35억 달러의 채무국에서 세계 제일의 채권국(125억 달러)이 되어 해외자산 270억 달러, 금 보유량 46억 달러를 갖게 됨. 인도 169만 명, 북아프리카 제국 150만 명, 중국 10만 명이 참전함. 영국군 10명 가운데 1.3명은 인도인이었음. 1차 대전은 호엔촐레른가의 독일제국, 합스부르크의 오스트리아제국, 로마노프가의 러시아제국, 술탄 칼리프가 지배하는 오스만투르크 제국을 붕괴함. 국제연맹이 창설되었으나 상원반대로 미국, 내전 중인 러시아, 독일 가맹치 않음. 1920년대 모건은행 유럽 국가들에 9억 6천만 달러를 대출함.

* 루시타니아호

제1차 대전이 한창이던 1915년 5월 7일 승객 1,265명을 태우고 미국 뉴욕 항을 출항해 영국 리버풀을 향하던 3만 1,500톤급 영국여객선 루시타니아(Lusitania)호는 아일랜드 해안으로부터 불과 18km 떨어진 곳에서 독일의 U 보트를 만남. 영국 해군본부는 사전에 루시타니아 호에 전문을 보내 지그재그로 항해하는 등 잠수함 공격을 피할 수 있는 방법으로 항해할 것을 경고했지만 승무원들은 무시함. U보트 선장 발트 슈비거는 아무런 경고 없이 어뢰 발사를 명령했고 어뢰는 루시타니아 호 우현에 명중하고 18분 후 침몰함. 사망자 1,198명 중 128명이 당시 중립국이었던 미국인이었고 이 사건으로 미국은 1917년 1차 대전에 참전하게 됨.

* 베르됭 전투

1916년 연합국의 경제봉쇄로 궁지에 빠진 독일은 프랑스군의 베르됭 요새를 집중 공격하여 프랑스에 큰 타격을 주기로 하고 요새 전면에 7개 사단 병력으로 2월 21일부터 맹공격을 하자 프랑스군도 장군 페탱의 지휘 하에 병력을 증강하여 분전함으로써 6월 하순까지 격렬한 공방전을 펼침. 가스와 화염 방사기가 동원됨. 그러나 솜에서의 영국, 프랑스 연합군 공세와 동부전선에서의 러시아군 공격에 의하여 독일군 공격력이 감퇴되고 10월 프랑스군이 도리어 역습을 감행함으로써 독일군은 막대한 인명피해를 입음. 공방전에서 양측사상자 수는 독일 33만 6,000명, 프랑스 30만 2,000명으로 연합군측이 우위를 확보하였고 결국 독일은 막대한 인적 물적 피해를 계기로 패망의 한 원인이 됨.

* 솜 전투

1916년 7월 1일부터 11월 18일까지 제1차 세계대전 중 가장 잔인한 학살이 벌어진 전투임. 베르됭 전투로 적지 않은 프랑스 군이 타격을 입으면서 서부전선에서 벌어진 솜 전투는 영국군의 주도하에 공세가 기획됨. 7월 1일 영국군 포병의 발포로 시작되고 3,000문 정도의 대량 포격에도 불구하고 독일군의 중심은 쉽게 무너지지 않았음. 독일군의 쉴 틈 없는 방어로 개전 후 하루 만에 영국군은 5만 8천 명(그때까지 하루 사상자 기록으로는 최고)의 사상자를 냄. 허망한 것은 독일군 기관총 2팀에 의해 대대급 이상의 병력이 묻혀버린 것도 발견되었음. 영국의 포병공격에 불발탄이 많았다는 부분과 솜 지방의 토질이 단단하지 못해 포탄이 터지지 않은 채 그대로 땅속에 묻혀 버렸다는 것임. 역사상 최초의 전차인 마크1이 9월 15일 전선에 투입되었음. 연합국은 27개 사단 75만 명의 병력을 동원을 했는데 독일군은 제2군 예하의 16개 사단이 전부였음(추후 7월 11일 베르됭 전투에서 15개 사단을 이 지역으로 이동시킴). 그러나 연합국의 대규모 포격은 독일군의 잘 짜인 철조망과 견고하게 지어진 벙커들을 파괴하는데 실패하였고 연합국은 많은 수의 포탄을 낭비한 결과만 초래함. 최종적으로 솜 전투의 연합군은 독일로 12km 들어서면서 발생한 인명손실은 영국, 캐나다 등 42만 명, 프랑스 20만 명이며 연합군을 막기 위한 독일의 손실도 50만-60만 명의 손실을 일으킴. 대략 1km를 돌파하는데 10만 명의 무덤이 생겼음. (7월1일은 연합군에 참가한 국가들이 추모행사를 함.)

* 파리강화회의

1919년 1월 전승국 27개국만 참석, 미, 영, 이탈리아, 일이 최고회의를 구성하였으며 베르사유조약으로, 알자스, 로렌지방을 프랑스에 반환하고 윌슨의 민족자결원칙에 따라 동 유럽에 많은 독립국이 탄생하게 되었음. 영국 수상은 '독일이라는 레몬의 씨까지 짜내도록 하겠다.'고 함.

* 영국의 무책임한 팔레스타인 외교

1915년 후세인(아랍). 맥마흔(이집트 주재 영 고등 판무관) 협정으로 오스만 투르크제국과의 전쟁에 협조하면 추후 아랍국가의 독립을 인정하고 투르크분할 협정을 하였으나 1917년 로스차일드로부터 전비조달로 유태인 '내셔널 홈' 건설을 지지하는 '밸푸어 선언'인 유태인 팔레스타인 건국 약속을 하자 아랍이 격노함. 1917년 유대인 인구 5만 6,000명은 1947년 60만 8,000명으로 증가함.

* 아랍국가들

1922년 영국은 이집트왕국의 독립을 인정하고, 1921년 페르시아 쿠데타로 팔레비 왕조를 건립(-1979)하여 1935년 국호를 이란으로 함. 1928년 트란스요르단 건국, 1932년 사우디아라비아왕국이 건국됨.

* 러시아의 변화

1914년에서 1916년 2년 동안 빵은 5배, 버터는 8.3배, 1917년 수도 페트로그라드에서 식량폭동, 소비에트 혁명운동, 300년간의 로마노프 왕조의 니콜라이 2세의 퇴위, 임시정부 수립, 임시정부 전쟁 수행, 볼셰비키는 순양함 오라호의 동궁공격을 신호로 임시정부를 쓰러뜨리고 사회주의 정권을 수립함
(5시간 만에 동궁점령). 오페라 극장에서는 베르디의 가극 돈 카를로스가 상연('닥터 지바고')되고 포격으로 잠시 중단 후 곧 이어짐. 1919년 레닌은 의회 해산, 볼셰비키의 일당독제로 이어지고 공산당으로 개칭하고 수도를 모스크 바로 정함. 1921년 대 기근으로 300만 명이 아사함. 1922년 러시아, 우크라이나, 카프카즈, 백러시아 4개의 사회주의 공화국 단결로 소비에트연방이 수립됨. 1924년 레닌 사후 스탈린이 권력을 장악하고 트로츠키 추방 후 독제체제를 구축함. 1927년 제1차 경제정책 5개년 계획실시, 세계 제2위 공업국이 되었으나 농업 집단화로 1932-1933년 동안 우크라이나에서 600만-700만 명이 아사함. 반대세력 탄압으로 1,200만 명 체포, 100만 명 사형, 200만 명 수용소에서 사망함.

* 대전 후의 독일

1919년 8월 가장 민주적이라는 바이마르 헌법을 제정함. 전쟁배상금 1,320억 마르크 금화 지불 연장을 요청함. 1923년 프랑스와 벨기에는 지불연기구실로 독일 최대 중공업 지대인 루르를 점령함. 1924년 외무장관 슈트레제만은 미국으로부터 막대한 자본을 도입하여 경제재건을 기적적으로 성공시킴.

* 이탈리아

1919년 무솔리니는 파시스트 당 조직하고 1922년 4만 명을 동원 '로마 진군' 이라는 쿠데타를 계획함. 국왕은 진압하지 않고 무솔리니에게 내각 구성 명령함. 도망칠 준비를 하던 무솔리니는 검은 셔츠를 입고 침대차를 타고 왕에게 가서 '전장에서 왔다'고 보고, 1928년 일당 독제체제를 굳힘.

* 터키공화국

제1차 세계대전은 오스만제국을 분할하고 프랑스가 시리아를, 영국이 이라크와 팔레스타인을 위임통치 하였으나 실제는 식민지였음. 소아시아만 투르크령으로 남았으나 반 식민지화민족운동의 지도자 케말 파샤는 그리스 군을 격퇴하고 술탄을 추방하고 터키공화국을 수립하고 대통령이 됨. 민법을 제정하고, 일부다처제를 폐지함.

* 케말 파샤(1881- 1938, 57세)

터키의 육군 장교이자 혁명가, 작가, 터키 건국의 아버지, 터키공화국의 초대 대통령임. 제1차 대전 당시 갈리폴리 전투에서 영국과 프랑스 군의 공세를 저지하고 승리를 이끈 탁월한 군인. 칼리프제를 폐지하고 터키공화국의 기본정신인 세속주의를 법으로 제정. 여성들의 복장을 해방, 남녀평등교육을 시행, 일부다처제 금지, 터키문자의 개혁을 이룸.

* 갈리폴리 전투

케말 파샤는 병사들에게 "나는 여러분들에게 공격을 명령하고 있는 것이 아니다. 나는 여러분들에게 죽어줄 것을 부탁하고 있는 것이다."라고 함. 연합군의 총 사상자는 25만 명에 달했고 터키군도 21만 명의 사상자를 가져왔으며 연합군은 상륙작전 실패로 6개월 후 갈리폴리에서 철수함.

24
대장정

1934-1935년에 걸쳐 중국 공산당이 장개석 70만 대군의 포위망을 뚫고 중국 서남부 장시성의 서금, 정강 산에서 서북부 시안으로 근거지를 옮기기 위해 강행한 행군. 도보와 우마로 9,600km(2만 5천 리)행군, 80,000명 시작, 포로, 병사, 아사 등으로 부상자 20,000명을 포함 28,000명(18개의 산맥과 17개의 강을 넘어)이 370일간의 행군 끝에 산시성에 정착, 10여 년 후 국민당을 몰아냄(모택동, 주덕, 주은래, 임표).

* **만리장성**

기원전 220년 진시황이 북방민족의 침입에 대비하여 쌓은 방어 산성의 축조는 그 후 명나라(1368-1644)까지 계속 되었고, 세계에서 가장 장대한 규모의 군사시설로 총길이는 2-3중으로 된 길이를 합쳐 6,350km, 높이 6-9m, 성벽의 폭은 4.5m임. 2012년 중국 국가문물국의 발표는 21,196km임.

만리장성

25
만주국 건설과 노구교사건

일본은 제1차 대전 중에는 호황이었으나 전후의 불황과 관동 대지진, 금융공황 등으로 어려움 속에서 1929년 세계공황으로 충격을 받음. 1930년에 300만 명의 실업자가 발생함. 남만주 철도를 지키는 일본관동군(1km에 15명 내)은 선로 1m 파손을 장학량군의 소행으로 조작하여 5개월 만에 만주 전역을 제압함, 국제연맹의 조사단 도착 전 1932년 제국의 마지막 왕 부의를 원수(나중 황제), 수도를 신경(장춘)으로 하고 '만주국'을 건국함. 실질적으로는 30%를 차지하는 일본관리가 통치함. 1937년 이후 약 23만 명이 신촌부에 서북부 만주 중심으로 이주함. 1933년 국제연맹 조사단 보고로 일본군 만주국 철수가 42대 1로 가결되자 일본은 국제연맹을 탈퇴함. 1937년 '노구교 사건'을 만들어 중국의 국공 합작군과 전면 전쟁을 일으킴. 일본은 50만 명을 투입하여 천진, 북경, 상해, 광주, 수도 남경을 함락시키고도 전쟁은 장기화됨.
광활한 영역을 지배했으나 '점과 선'의 지배에 지나지 않았음. 공산당의 8년간 게릴라 항전으로 총 132만 명의 중국인이 사망하고, 176만 명이 부상당함.

* **독일 나치정권**

1933-1939년까지 독일 나치정권은 자본주의와 독재의 완벽한 결합이었음. 1939년 독일은 2년 치의 식량, 돼지기름, 베이컨, 버터 27만 톤을 비축하고함 170척, 신형 탱크 3,350대, 전투기 8,295대, 병사 140만 명을

동원하여 제2차 세계대전을 일으킴. 크루프 그룹의 순 이익은 6년 동안 18배가 증가함.

* 크루프 사

독일 철강회사로 46개국에 무기를 공급하고 1902년 종업원 수 4만 명, 1918년 파리 폭격에 사용한 장거리포는 120-140km의 사거리를 가졌음. 1997년 티센 그룹과 합병함.

* 히틀러의 오판

1941년 미국에 선전포고할 시 미국에는 상선도 거의 없고 구축함도 몇 척 없었으며, 미국의 전통적인 외교정책은 워싱턴, 제퍼슨 때부터 고립주의를 지향하고 먼로 대통령의 '먼로 선언'으로 고립정책은 더욱 공고해지고 있었음. 히틀러는 미국이 상선과 구축함 제작, 정밀렌즈의 기술 습득과 충분한 물자와 군인 보급 이전에 유럽전쟁은 끝날 것으로 판단하였음. 그러나 미국은 과학적 관리법을 군수 공장에 적용하여 시골 농부도 60-90일 훈련 받은 후 일급 용접공, 일급 조선공으로 변신시킴. 과학연구를 통해 독일보다 나은 품질의 렌즈를 생산하고 단순 노동자를 수개 월 만에 '일류 기술자'로 만듦.

* 프레더릭 테일러

1911년 과학적 관리법(작업의 세분화, 불필요한 작업의 제거, 동선의 축소, 매뉴얼의 작성 등)을 발표. 1876년 하버드 대학 법학과에 합격했으나 시력이 매우 나빠져 입학을 포기함. 학자들은 '현대 경제학의 아버지는 아담 스미스이고 과학적 관리법의 아버지는 프레더릭 테일러이고 현대 경영학의 아버지는 피터 드러커이다.'라고 함.

26
제2차 세계대전(1939 .9. 1－1945. 9. 2)

1939년 독일은 폴란드에 단치히와 독일을 동서로 나누는 폴란드 회랑을 통과하는 철도, 자동차 도로건설을 요구하였으나 거절당하자 9월 1일, 170만 독일군은 폴란드를 침공하여 3주 만에 점령함. 9. 3. 영, 프는 독일에 선전 포고를 하였고 총 60개국 이상이 참전함. 1억 명이 넘는 군인이 동원되고 군 2,500만 명 희생, 민간인 희생 4,900만 명(군민 계 7,400만 명)에 이름. 개전 당시 영, 프군 110개 사단, 독일 29개 사단, 독일은 신군사 기술을 이용한 '전격전' 즉 공군과 기갑부대를 결합한 기동전쟁을 구사함. 1940년 덴마크, 노르웨이를 침략하고 전차군단은 영, 프군을 격파하고 파리를 점령함. 일, 독, 이 삼국은 군사동맹을 맺음, 독일은 1941년까지 소련 석유와 곡물을 공급(소련의 석유자원 필요) 받았으나 3개월 정복 예정으로 6월 22일 300만 군대(75%), 항공기 2,740기(61%), 전차 3,580대를 투입하여 독소작전을 개시함. 11월까지 300만 명을 포로로 잡고 모스크바, 레닌그라드에 진격하고 한편 일본은 1941년 12월 8일 진주만 공격, 전함 5척 격침, 3척 대파함(일본 대사관 실수로 선전포고 30분 늦음). 미국과 영국은 영토 확대 금지 등 '대서양헌장'을 발표함. 1942년 400만의 독일군은 우크라이나 곡창지대를 점령하였으나 스탈린그라드, 모스크바 점령은 실패함. 33만 4,000명의 독일군은 한때 스탈린그라드를 점령했으나 소련군의 포위 공격을 받고 병사 3분의 2가 전사함. 미국은 탁월한 공업력으로 전쟁 시작, 전함 3척에서 2년 후 공모 50척으로, 해군 선공기 3,600기는 3년 후 3만기를 넘음. 잠수함은 11척에서

77척으로 증강하고 대전 중 전비 2,450억 불(이전 50년간 국가예산보다 많음)을 사용함. 1942년 6월 미드웨이 해전에서 일본해군 기동부대의 주력을 괴멸하고 B-29의 일본 본토 공격을 함. 1943년 모스크바 남쪽에서 264만 명의 소련군이 151만 명의 독일군을 무찔러 독일군은 후퇴함. 히틀러는 1942-44년 무기생산을 3배로 늘렸으나 전차, 야전포는 소련의 3분의 1 수준이었음. 소련군은 독일군을 바르샤바까지 격퇴함. 독일과 소련 사이의 전쟁에서 2천만 명이 사망하고 스탈린그라드(현 볼고그라드)에서 양쪽 사상자 약 2백만 명을 냄. 대전의 희생자 소련이 약 1,500만 명, 폴란드가 560만 명, 소련은 동 유럽지역에 터키, 그리스를 제외한 7개의 국가를 위성국가로 만듦.

* 스탈린그라드(현 볼고그라드) 전투

1941년 6월 22일 독일은 소련을 침략 12월의 모스크바 공방전을 벌였으나 겨울용 장비의 부족, 병참선이 길어 보급로가 약해져 모스크바에 대한 진격을 정지하고 1942년 봄까지 독일군은 전선을 안정화 함. 스탈린그라드는 주요산업의 중심지이며 코카사스 지방의 유전과 소련 주요지역을 잇는 석유 공급로서 전략적 요충지였음. 1942년 8월 21일-1943년 2월 2일간의 전쟁으로 독일군의 기갑부대가 중심이 된 대 부대전술에 대하여 소련은 소화기를 중심으로 한 시가전으로 들어갔음. 도시에 도착한 소련군 병사의 평균 생존시간은 24시간 미만이었고 1942년 7월 27일에 내려진 스탈린의 227호 명령에 따르면 상부의 명령 없이 위치를 벗어나는 모든 자는 즉결처분에 처해져 스탈린그라드를 사수하거나 즉결처분으로 죽어야 했음. 독일군의 군사 원칙은 기갑, 보병, 공병, 공군의 지상지원이 잘 조화된 협동작전이었고 소련군의 대응전술은 항상 독일군에게 근

접전을 시도해서 독일군의 협동작전을 할 수 없도록 했음. 시가지 전투를 통해 전차는 높이가 8m가 넘는 폐허 속에서는 쓸모가 없는 게 알려지고 소련군은 부서진 빌딩에 대전차포를 엄폐해 두었다가 독일군 전차를 공격, 소련군의 저격수 이반 시도렌코는 전투가 끝날 때까지 500명을 사살하였고, 바실리 자이체프도 전투기간 중 242명을 사살하였는데 주로 독일군 장교와 통신병들을 사살하였다 함. 스탈린그라드 방면의 작전 지도를 맡은 바실레프스키와 주코프는 독일군을 시내에 붙잡아두고, 양 측면을 공격하여 독일군을 포위하는 천왕성 작전을 폄. 북쪽 좌익은 독일군에 비해 잘 훈련되지 못한 크로아티아군, 헝가리군, 루마니아군이 수비를 담당함. 11월 19일 소련 천왕성 작전을 개시, 독일 제 6군의 북쪽 측면을 수비하던 루마니아 군 격파, 11월 20일에는 남쪽 방면에서 두 개의 야전군의 공세로 보병으로만 구성된 루마니아 제 4군단을 격파, 두 갈래의 전선군은 스탈린그라드 서쪽 칼라치에서 만나 독일 제 65군을 포위하는 데 성공함. 25만 명의 독일군과 루마니아군, 약간의 크로아티아의 의용병 부대가 거대한 포위망에 갇히고 이때부터 소련군은 전략적으로 전술적으로 유리한 위치에 있게 됨. 소련군의 밀집된 대공 포화와 전투기는 독일공군의 수송기들에 심한 손실을 입히고 여기에 악 천후도 독일군의 수송 효율을 저하시켜 평균적으로 1일 필요량의 10%만 보급할 수 있었음. 12월엔 다시 혹독한 동장군이 찾아와 볼가강이 결빙하여 소련군의 보급은 쉬워졌는데 반해 시내 독일군은 식량, 난방연료, 의약품 부족에 시달리고 수많은 병사가 동상, 영양실조, 질병 등의 비전투 손실로 사망해 사기가 급격히 저하됨. 이런 상황에서도 독일 최고 사령부는 제6군에게 위치 고수하도록 명령함. 1943년 1월 소련군은 모든 포로에 대한 안전보장, 독일군 환자와 부상병에 대한 의료지원, 포로의 개인 소지물 소지 허용, 정규 식량지급, 전쟁이 끝난 후 송환 등을 조건을 내걸고 파울루스에게 항복권고문을 보내고 심리전 차원에서 선전 삐라를 만들어 독일군에게 살포함. 파울루스는 이를 거부함. 히틀러는 자신의 집권 10주년 기념일인 1월 30일에 파울루스를 원수로 진급시킴. 그러나 이튿 날 소련군이 폐허가 된 백화점건물에 차렸던 사령부에 진입하자 파울루스는 항복함. 2월 2일 독일군 포로는 22명의 장성급을 포함한 9만 1,000명(33만 명 → 9만 1,000명). 이 전쟁으로 소련군은 110만 명 이상 독일군은 80만 명 이상의 사상자를 냄.

* 노르망디 상륙(Normandy Invasion)

제2차 세계대전에서 전세가 연합군 쪽으로 기울자 미국의 아이젠하워 장군은 육해공군 합동으로 프랑스 북부해안 상륙작전을 감행하기 위하여 사상 최대의 진격 함대를 조직함. 영국해협의 날씨가 25년 만에 최악의 상태였기 때문에 24시간 연기 후 1944년 6월 6일 연합군 미, 영은 항공기 1만 대의 엄호를 받는 4천 척의 선박과 1,200척의 전함으로 프랑스의 노르망디에 15만 6,000명의 병사와 2만 대의 차량을 상륙시킴. 8월에 파리 해방됨. 1945년 5월 베를린이 함락되자 히틀러 자살함.

노르망디 상륙작전

* **도쿄 대공습 등**

1945년 3월 10일 새벽 미국은 전쟁 조기 종결을 위해 300여 기의 B-29 폭격기로 33만 발의 소이탄 등을 투하하여 사망자 10만여 명(프랑스 기자는 19만여 명으로 보도), 도쿄의 3분의 1 이상이 소실되고(27만 동의 가옥과 건물) 1백만 명 이상이 거주지를 잃게 됨. 다음날 나고야, 13일 오사카, 16일 고베 등 주요 도시가 잿더미로 변하는데 일본 대본영은 '1억 옥쇄작전'이라는 미명 하에 국민들에게 옥처럼 부서질 각오로 싸우거나 자결하기를 촉구함. 이에 일본 본토의 유일한 지상전인 오키나와 전투(본토 방위를 위한 지구전)에서는 일본군 전사자 10만 2천 명, 주민 12만 명의 희생이 추산됨.

* **히로시마 원폭투하**

1945년 미국은 우라늄 원폭 하나, 플루토늄 원폭 두 개를 완성하고 8월 6일 우라늄 원폭을 히로시마에 투하하자 시민 42만 명 중 38%인 15만 9,000여 명이 사망함. 이 중 한국인 사망자가 약 3만 명임. 8월 9일 플루토늄 원폭을 나가사키에 투하하자 약 7만 4,000명이 사망함(트루먼은 '미군의 피해를 최소한으로 줄이기 위해'라고 함).

* **나가사키 원폭투하**

처음에 원자 폭탄을 투하하기로 선정했던 곳에는 나가사키가 포함되지 않았으나 교토가 문화적 성지란 이유로 이를 제외하기로 결정되자 나가사키가 후보지에 추가되었음. 두 번째 원자폭탄을 투하하기로 한 목표지는 고쿠라였으나 비행기가 고쿠라 상공에 이르렀을 때 안개가 심하게 끼어 있었음. 고쿠라 상공을 여러 번 맴돌았지만 폭탄을 투하할 목표물을 찾지 못하고 엎친 데 덮친 격으로 준비했던 기름통까지 고장 나 비행기의 연료가 부족했음. 이때 두 가지 선택에 직면하게 되었음. 원자폭탄을 바다에 떨어트리고 기지로 돌아갈 것인지 아니면 나가사키로 가서 원자폭탄을 떨어트리고 오키나와에 있는 다른 착륙지점으로 돌아갈 것인지 하는 문제였음. 나가사키에 도착했을 때 나가사키 상공에도 두터운 구름층이 펼쳐져 있었음. 비행사가 고민하던 중 구름층에 틈을 하나 발견하고 원자폭탄을 구름 사이로 투하하자 세계에서 두 번째로 나가사키는 원자폭탄의 피해를 입은 도시가 되었음.

* 세계의 핵탄두

미국은 1960년대 중반 핵탄두 3만 1,000기, 소련은 1980년대에 4만 기 가까이 보유, 영국과 프랑스가 1952년과 1960년에 핵실험 성공, 1970년에 5개 국가만 핵무기를 보유할 수 있도록 NPT 발효되었으나 인도, 파키스탄, 이스라엘도 핵무기 보유. 미국과 소련은 전략무기 감축협정(START)으로 1991년부터 핵무기 감축 시작하여 현재 러시아 7,000기, 미국 6,800기, 프랑스 300기, 중국 270기, 영국 215기, 파키스탄 130-140기, 인도 120-130기, 이스라엘 80기. 북한 10-20기 등 총 약 15,000기로 추정됨. (스톡홀름국제 평화연구소 2017년 1월 기준)

* 전쟁이 없었던 기간

역사 3500년 동안에 약 230년 동안 전쟁이 없었고 3270년은 전쟁이 있었음.

* 얄타회담

1945년 나치독일의 패배와 전후처리를 논의하기 위해 크림반도 얄타에서 미, 영, 소가 만나서 한 회담(63세 루즈벨트, 70세 처칠, 66세 스탈린), 루즈벨트와 소련 비밀협정(대 일본전쟁에 참가조건으로 사할린, 하시마 열도의 소련 귀속, 여순항의 조차와 대련의 특수권익 승인, 북만철도, 남만주 철도의 우선적 이익 보장)으로 소련 67만km^2 영토 획득.

* 프랭클린 D. 루즈벨트(1882-1945)

프랭클린 D. 루즈벨트

미국의 32번째 대통령(재임1933-1945), 임기 동안 대공황과 제2차 세계 대전을 모두 경험, 뉴딜 정책을 통하여 미국이 대 공황에서 벗어나게 하였으며, 제2차 대전 시 연합국에 동참하여 나치 독일과 이탈리아 왕국, 일본 제국을 상대로 전쟁을 수행하여 승리로 이끎. 미국의 대통령으로 처음이자 마지막으로 대통령직에서 네 번이나 당선되어 12년간 백악관을 차지함. 세련된 언변과 유머를 구사, 하반신을 쓰지 못하는 장애인이었으며 취임 연설 중에 "위대한 미국은 이미 과거에 그래 왔던 것처럼, 역경을 극복하고 살아남을 것이며 번영을 이룰 것입니다. 우리가 경계해야 할 것은 두려움 그 자체일 뿐입니다."라고 함. 미국인들에게 대통령 중 가장 존경받는 인물 중에서 상위를 차지함.

* 미 대통령 3선 금지

미국은 1951년 수정 헌법에 따라 대통령의 3선을 금지함.

* 처칠(1874-1965)

세 번의 도전 끝에 육군사관 학교에 입학, 남아프리카 보어 공화국과의 전쟁에서 종군 기자로 파견 포로로 잡혔다가 극적으로 탈출 국민에게 영웅 대접, 25세에 하원의원, 자신이 속한 당과 반대되는 의견이라도 옳다는 판단이 서면 자신의 주장을 펼침. 1940년 영국 총리 되어 연설, 유럽의 대부분 국가가 독일의 손에 들어갔을 때 "싸우다 지면 다시 일어설 수 있지만 스스로 무릎을 굽힌 나라는 소멸할 수밖에 없다", 옥스퍼드 졸업식에서는 "포기하지 마라, 포기하지 마라, 절대 포기하지 마라"는 짧고 간결한 연설과 하원에서는 "내가 드릴 수 있는 것은 피와 노고와 눈물과 꿈 말고는 아무것도 없습니다.", "모입시다. 그리고 힘을 모아 함께 나아갑시다."라는 말을 남김. 그는 화가였으며 전기 역사서 등을 쓴 저술가였음. 1953년 노벨문학상 수상.

윈스턴 처칠

* 처칠의 유머

1. 의회에 참석했던 처칠이 급한 볼일로 화장실에 갔음. 마침 걸핏하면 사사 건건 물고 늘어지는 노동당 당수 애트리가 볼일을 보고 있었고 빈자리는 그의 옆 자리뿐이었음. 처칠은 그 곳에 볼일을 보지 않고 기다리다가 다른 자리에서 볼일을 보자 노동당 당수가 "총리, 왜 날 피하시오?"하고 묻자 "천만에요. 당신들은 큰 것만 보면 무조건 국유화하려 드는데 내 것이 국유화되면 큰일이지 않겠소?"

2. 처칠은 90세까지 장수했다. 말년에 한 젊은 기자가 인터뷰를 끝내면서 말함. "내년에도 건강하게 다시 뵈었으면 좋겠습니다." 그러자 처칠 왈 "내년에도 못 만날 이유가 뭐가 있겠나. 자네는 아주 건강하게 보이는데 내년까지는 충분히 살 것 같아 걱정 말게나."

3. 여든이 넘은 처칠이 어느 모임에 참석 했을 때 그의 바지 지퍼가 열려 있는 것을 보고 한 여인이 "바지 지퍼가 열렸군요." 하자, 처칠은 당황하지 않고 "걱정하지 마세요. 죽은 새는 결코 새장이 열려도 도망가지 못합니 다." 함.

4. 항상 늦잠을 잔다는 처칠에게 노동당 후보가 선거 시에 "늦잠꾸러기에 나라를 맡기실 겁니까?" 하자, "저는 새벽 4시에 못 일어납니다. 예쁜 마누라와 살다보니 늦잠을 잡니다. 저도 못생긴 마누라와 결혼했다면 4시에 일어날 수 있습니다."

5. 처칠은 칠칠맞아서 잘 넘어졌다고 함. 하루는 연설을 하려고 연단에 올라 가다가 넘어져서 청중들이 박장대소를 하고 웃자 처칠은 곧 바로 연단에 서서 "여러분이 그렇게 좋아 하시면 또 한 번 넘어져 드릴까요?"

6. 처칠이 제2차 대전 시 미국에 가서 3주간 백악관에서 머물던 중 루즈벨트 대통령이 그와 대화를 하기 위해 그가 묵던 방에 들어섰음. 처칠은 알몸으로 수건만을 두른 채였음. 그런데 루즈벨트가 들어올 때 그만 수건이 풀려 스르르 내려가 버림. 루즈벨트 난감해 하며 "이거 미안하게 되었소" 하자, 처칠은 루즈벨트를 향해 두 팔을 벌리고 웃으며 "보시다시피 우리 대영제국은 미국과 미국 대통령에게 숨기는 것이 아무것도 없소이다."라고 함.

* 헨리 텐디(히틀러를 살려줌)

영국 최고훈장인 빅토리아 최고훈장 VC를 수상함. 27세의 영국병사 헨리 텐디는 29세의 아돌프 히틀러 하사를 살려줌. 영국총리 챔벌린이 히틀러와 협상 시 히틀러의 바바리아 별장에 초대를 받고, 히틀러는 이탈리아 화가 마타니아가 그린 명화 '매닌 교차로'를 보여주면서 그림 중앙의 전우를 등에 업은 인물이 자신을 20년 전에 살려준 영국 군인이라고 말함. 천재적인 기억력을 가지고 말하면서 "신의 섭리가 나를 살린 것"이라 하고 은인을 찾아 감사와 안부를 전해 달라고 부탁함. 1938년 총리는 헨리 텐디를 찾아서 전화함. 그는 1978년 86세로 영면, 언론은 "악마 히틀러를 쏘지 않은 사람"으로 낙인.

* 조선인 강제연행

일본이 2차 대전 시 강제 연행한 조선인은 166만 8천 명, 사할린에 6만 명의 한인 노무자 투입, 4만 명의 노무자 방치함.

* 세계대전 중 비행기

제1차 세계대전 발발 당시 정찰용 또는 폭탄 투하용으로 세계 470기였으나 4년 동안 독일의 4만 8,000기를 필두 17만 기가 제작됨. 시속 200km, 8시간 비행 폭격기도 개발됨. 제2차 대전이 발발하자 미국의 30만 기를 필두 75만기가 제작됨.

* 미 항모

현재 니미츠 급 이상으로 11척이 있음. 2017년 취역한 제럴드 포드 함은 차세대 핵추진 항모(최신형 원자로 2기, 동력 20년간 공급)로 배수량 10만 1천 600톤, 길이 337m, 폭 76m, 비행갑판의 넓이 축구장의 3배, 탑재기 78대, 승조원 4,660명, 건조비 130억 달러(14조 6천억 원) 소요됨.

27
인도의 분리

1차 대전 중 영국은 전후 인도의 자치권을 인정할 것을 약속하였으나 전후 오히려 민족운동을 탄압함. 인도는 12만 명의 병력과 3억 5천만 파운드의 자금을 영국에 제공하였으나 영국은 약속을 파기함. 1929년 간디는 비폭력, 불복 종 저항운동을 전개함. 1930년 60세가 넘은 간디는 79명의 제자를 이끌고 29일에 걸쳐 170여 마을을 돌아 약 320km 떨어진 해안까지 걸어 영국이 금지한 소금 23g을 만듦으로써 제2차 저항운동을 시작함. 50%의 염세에 반대 하는 행진을 하자 3km의 행렬을 만듦. 제2차 세계대전 시 약 250만 명의 인도인을 군인으로(영국군의 절반) 동원함. 1947년 동서파키스탄과 인도연방이 분리 독립됨(880만 명의 무슬림이 파키스탄으로 같은 수의 힌두교도 인도로 이주). 난민의 혼란 속에 양 교도의 충돌로 20만-50만 명이 희생됨. 간디는 인도에 머물던 무슬림에 대한 힌두교의 테러를 비난하며 융화를 호소하자 힌두교도에 의해 1948년 1월 암살됨. 1949년 남쪽 인도지배지역과 북파키스탄 지배지역으로 나뉨. 1950년 인도연방은 인도 공화국이 됨. 1971년 동파키스탄이 독립 선언. 서파키스탄의 독립을 지지하는 인도 군과 탄압하는 파키스탄 전쟁으로 인도 군이 압승하자 서파키스탄은 방글라데시로 분리 독립함.

* 황금의 20년대에서 대 공황으로

1920년대의 미국은 '황금의 20년대'로 T형 포드가격은 950달러에서 290달러로, 1929년 5명 중 1명이 자동차를 소유하고 40%가 라디오 수신기를 소유함. 도시인구 50%로 뉴욕인구는 88만 명이었음. 그러나 주가 상승 일변도에서 1929년 10월 29일 주식 대 폭락으로 연말 주가 반토막이 되고 실업의 악순환이 시작됨. 1933년 1,300만 명 실직으로 국민 4명 중 1명이 실직하였으며 세계공황으로 이어져 세계 공업생산력은 44%, 세계 무역은 65%가 감소되고 각국 경제는 침체함.

* 스페인 내전

1931년 왕정에서 공화정으로 이전하는 과정에서 프랑코 장군이 반란을 함. 독, 이는 프랑코장군을 지원하고 영, 프는 불간섭 상황에서 헤밍웨이, 앙드레 말로, 조지오웰은 인민전선 정부를 지원하였으나 1939년 프랑코 군에 패함 ('누구를 위하여 종은 울리나'). 독일이 게르니카를 무차별 포격하자 항의 표시로 피카소는 대작 '게르니카'를 제작함.

* 독일 나치스 등장

1932년 실업자는 620만 명에 이름. 나치스 등장하고 1930년 선거에서 107석으로 약진하자 1934년 히틀러 총통이 되어 국회의사당 방화음모를 꾸며 공산당을 탄압하고 '전군 위임법'을 통과시키며 1당 독재체제를 확립함. 아우토반 건설, 폭스바겐을 대량 생산하고 급료에서 공제하는 방식으로 판매함.

실업문제 해결, 친위대, 비밀경찰로 공포정치를 하며 제2차 대전 중 600만 명의 유대인을 학살함. 1938년 이후 한 번도 각료회의는 열리지 않음. 통제 경제체제 확립, 국제연맹 탈퇴, 군비증강을 함.

28
한국전쟁

1945년 8월 15일 해방, 1948년 9월 15일 미군정 종식, 1949년 6월 29일 미군 전면철수, 1950년도 인민공화국 총 병력 19만 8,380명, 전차 242대, 한국 10만 4,559명, 전차 0대인 상황에서 인민군은 소련이 남기고 간 T-34전차로 6월 25일 새벽 4시 동시 다발적인 공격에 한국군은 화염병으로 저항하였으나 3일 만에 수도 서울이 점령됨. 한국군은 계속 후퇴로 마산, 왜관, 영덕을 잇는 낙동강에서 방어선을 구축, 인천상륙작전을 개시, 수천 개의 나무사다리를 일본에서 제작, 병력 요코하마, 고베에서 출발, 9월 15일 오전 6시 한미 해병대(미10 군단 소속 미1해병사단(국군해병 4개 대대 배속), 제7보병 사단(백인엽 대령휘하 제17보병연대가 배속) 등 75,000명, 순양함 4척, 구축함 7척, 함정 261척이 월미도를 상륙하여 2시간 내에 점령하고 2단계로 인천, 김포비행장, 수원을 확보하고 19일 한강 도강, 27일 새벽 6시 중앙청에 태극기를 계양하고 28일 서울을 수복, 15일 만에 38선을 수복하고 전쟁 발발 90일 만에 수도 서울을 탈환. 10월 10일 원산, 10월 19일 평양 점령(김일성 10월 9일 인민군 북쪽으로 철수, 12일 평양에서 철수, 자강도의 중심인 강계에 임시수도), 10월 26일 약 5만 명의 유엔군이 해안을 공격, 서부는 청천강 북부와 압록강 초산(미8군 워커중장), 중부는 개마고원의 장진호까지(알몬드 소장 휘하 미1해병사단), 동부는 압록강의 혜산진까지 갔으나 중공군은 10월 9일 압록강을 건너 온정리 전투에서 승리하고 11월 26일 중공군 공격과 27일 밤 중공군 6개 사단 7만여 명 장진호 주변에서 대공세를 펼치자 11월 29일 맥아더 사령부는 미1해병사단에 흥남으로 집결하여 교두보 구축 명령(미10군단 후퇴를 위한 사활이 걸림)을 하달하자 미1해병사단은 유담리-하갈우리-고토리-진흥리-흥남까지 240km에 이르는 거리를 되돌아가야 했음. 개마고원지대는 1,000-2,000m의 고원지대로, 기온은 낮 영하 20도, 밤 영하 45도, 영하 37도에서 총이나 무기류의 윤활유는 얼어붙고, 라디오 밧데리도, 부상병의 혈장에 주사하는 응급주사기도 얼어 입김으로 녹여야 했음(장진호전투).

12월 4일 국군 평양에서 철수하고 1953년 7월 27일 정전을 함.

유엔 16개국 파병, 참전 연인원, 미국 1,789,000명(상주 48만 명), 영국 56,000명, 캐나다 25,687명, 터키 14,936명, 호주 8,407명, 피해: 미국 사망, 실종, 포로 45,116명, 영국 2,234명, 터키 1,148명

인명피해: 267만 명(남북한, 유엔군, 중공군, 사망 732천 명, 부상 151만 명, 실종, 포로 428천 명), 이 중 남한 사망 138천 명, 실종, 포로 33천 명, 남북한 민간인 피해자 249만여 명, 남북한 총 사상자 5백여 만 명과 1,000만 명의 이산가족을 만듦.

* 로페즈 중위

인천상륙작전 수행 시 해병대의 소대장 로페즈 중위는 수류탄 투척 중 피격. 수류탄을 떨어뜨리면서 몸으로 막아 소대원 구출, 미국 군인의 최고훈장 명예훈장(Medal of Honor)에 추서, 해상 수송선 '발도메로 로페즈 중위함' 이 있음.

* **다부동 전투**

사단장 백선엽 준장이 이끄는 제1사단은 칠곡군 가산면에서 1950년 8월 초 인민군 격퇴(동양의 베르됭 전투) 적 17,500명, 아군 10,000여 명 손실.

* **장진호 전투**

1950년 11월 26일 - 12월 13일까지 중공군 12만 명을 미 10군단(7사단)과 해병대 25,000명이 상대, 평균 1200m 고지에서 평균 기온이 영하 30도의 극한 지대에서 미 해병대 1사단 12,000명 중 사상자가 4,000명이 넘음. 중 공군의 함흥진출을 2주간 지연시킴. 한 병사에게 기자가 크리스마스 날 가장 원하는 것이 무엇이냐고 묻자 "내일을 달라"고 함. 한국전쟁의 미국 명예훈장 131명중 13명이 장진호 전투의 생존자임. 독일의 모스크바 공격, 스탈린그라드 공격과 함께 3대 혹한 전쟁 중의 하나임.

장진호 전투

* 지평리 전투

1951년 2.13일-2.16일까지 경기도 양평군 지평리 일대에서 원형 방어 진지를 구축한 미 2 보병사단 23연대 전투단과 이곳에 배속된 프랑스 대대(몽클라르 중령) 5,600여 명이 중국인민해방군 39군(50,000여 명)과 3일간 벌인 격전에서 이 진지를 사수함으로 해서 유엔군은 전열을 정비하고 반격작전을 펼칠 수 있었든 전투였음.

* 몽클라르 장군

참전 시 중장이었으나 "대대는 중령이 이끈다."는 프랑스군 규정 때문에 600여 명의 병력을 이끌고 중령으로 강등하여 참전하였음.

* 월남파병(한국군)

1964년 9월 첫 파병, 총 상주 병력 4만 8천 명(연인원 30만 명, 맹호, 백마, 청용부대), 5,000여 명 전사, 1973년 3월 철수(8년8개월), 한국군의 전력 증강과 경제개발에 관한 차관공여를 받음. 군인, 노동자들의 인건비 7억 5천만 달러, 베트남과 무역 2억 8천만 달러, 미국의 차관 1억 5천만 달러를 받음.

29
두 개의 중국

공산당과는 1927년 제1차 국공합작을 종료하고 1928년 장개석은 중국을 통일하고 국민정부를 조직함. 모택동은 정강산에 거점을 구축하고 1931년 소비에트공화국 임시정부를 수립, 1934-36년 대장정(서금-연안) 후 1949년 10월 모택동을 국가주석, 주은래를 수상으로 하는 중화인민공화국을 탄생시킴.

1949년 약 300만 명의 국민당원, 군인, 정부 간부 등이 대만으로 이주하고 국민당은 1987년까지 계엄령을 계속 유지하면서 원래의 대만인(본성인)을 억압하고 체제를 유지함. 대만은 컴퓨터 부품제조 등으로 경제 약진, 1999년 1인당 국민소득 1만 2,040달러, 중국 774달러, 중국 '대약진운동' 기간 중 2천 만 명의 아사자를 내었고, 주석 자리는 유소기로 바뀌고 1966-76년 문화대혁명(모택동이 부추김)으로 75만-150만 명 사망이 추정됨, 1971년 미, 소 합의하에 유엔의 대표권을 중화민국에서 중화인민공화국으로 변경함. 중국은 90% 이상의 한인과 8%에 해당하는 55개 민족으로 구성되어 있고 후자가 토지의 66%를 소유함.

30
'문화대혁명'(1966-1976)

마오쩌둥(모택동, 1949-1959 국가주석, 사퇴 후 당주석)은 '부르주아 계급의 자본주의와 봉건주의 요소가 공산당을 지배하고 있으니 이를 제거해야 된다.'고 주장하자 홍위병의 움직임으로 구체화되고 이상적인 사회주의 국가 건설을 천명함. 1960년대 라디오 방송을 청취하고 선전 역할 하는 자는 4억의 농촌 인구 중 7천만 명에 달했음. 1957년 식량과 철강생산을 위한 대약진 운동(농기구들을 녹여 질 낮은 철 생산으로 농업생산은 급격히 감소하여 실패하고 1959년의 기근으로 2,000만 명의 아사자 발생)이 실패하자 자신의 과오를 인정, 국가주석 사임, 당 주석만 유지함. 국가주석 류샤오치, 당 총서기는 덩샤오핑(등소평, 1904-1997)이었음. 마오는 1963년부터 아이들을 목표로 '공산주의 교육운동'을 개시하고 이들이 홍위병으로 자라게 됨. 해서파관(역사가이자 베이징 부시장 우한이 발표, 명나라 실존 청백리인 해서가 암군인 가정제에게 파면되는 내용)발표와 칭와대 부속중학에서 첫 홍위병이 결성되고 조반유리(사회와 정치를 뒤집어엎고 대량 숙청을 정당화)를 주장하자, 마오도 반혁명, 우파에 대한 투쟁을 부르짖음. 1966년 8월 16일 천안문 광장의 단상에서 전국에서 상경한 거대 홍위병에게 자주 모습을 드러내 열렬한 환영을 받고 홍위병을 칭찬함. 절, 서원, 교회, 수도원을 핍박하고 베이징에서 1,772명 살해, 상하이에서 534명 살해, 704명 자살, 우한 32명 살해, 62명 자살하였으나 당국은 방관함. 마오는 공안이 홍위병 행동을 저지하지 못하도록 공지문을 발표하고 모든 홍위병들이 베이징을 순례하도록 권장함. 류샤오치는 카

이펑으로 유배, 지병이 악화되었으나 의사치료 거부로 1969년 사망. 덩샤오핑은 '재교육' 과정을 세 번 거쳐 엔진공장에서 일함. 권력투쟁으로 발전되고 홍위병은 몇 개의 파로 분열, 갈등함. 1966-69년 사이 50만 명 사망 추정, 전 기간 동안 150만 명 사망 추정. 1968년 군대가 나서 홍위병을 진압함. '상산하향' 운동(도시 지식청년들이 농촌에서 육체노동)을 하고 1970년 후반에 도시로 돌아오는 것을 허용함. 1968년 이래 문혁의 수뇌부 중의 하나인 린뱌오(임표)가 마오의 후계자로 지명되고 있었으나 마오와 서로 견제하고 마오의 몇 차례 암살기도 후 1971년 몽골 상공에서 비행기 추락 사고로 사망함. 저우언라이(주은래)의 건의로 덩샤오핑을 부총리로 임명함. 그러나 장칭 등 4인 방은 미디어를 장악하고 저우언라이를 견제하려고 했으나 덩샤오핑은 경제정책의 집행을 통해 실세로 떠오르고 당의 분파운동에 명백히 반대하고 당의 단합이 효과적인 생산 활동의 전제조건임을 주장함. 한편 마오는 덩의 정책을 '우파의 복권운동'이라 칭하고 덩에게 자아비판서를 쓰도록 하였음. 1976년 저우언라이가 방광암으로 사망하자 다음날 인민 영웅비 앞에 추모 인파가 몰림. 마오는 화거펑을 총리로 임명. 청명절(4월 5일)전 3월말부터 군중들은 천안문 광장에 모여 추모하기 시작, 4인방에 분노 표출하자 덩은 모든 직위 박탈당하고 가택 연금됨. 1976년 9월 9일 마오쩌둥 사망, 예젠잉과 같은 유력한 군 지도자와 덩샤오핑, 인민해방군의 지지아래 4인방의 체포 명령(10월 10일 체포)이 내려짐. 이날 덩샤오핑은 개인적으로 서한을 보내 자신을 복권, 복직 시켜 줄 것을 요구함. 1977년 7월 덩을 정무원으로 복직시켜 부총리로 임명하고 당직도 복원함. 1978년 12월 중국공산당 제11차 중앙위원회의 제 3차 전체회의에서 덩은 '사상의 해방'이 바람직하며 당과 국가는 '실사구시'로 운영되어야 한다고 말함. 화거펑은 자아비판하고 문혁기간 숙

청된 여러 인사를 복권하고, 1981년 6월 공산당 중앙위원회는 '문혁의 좌편향의 과오, 장기간 지속된 것에 대한 책임은 마오쩌둥에 있다. 문혁은 마오쩌둥의 잘못된 지도하에 이루어졌으며 수많은 재난과 혼란을 범했다'고 명시함. 그러나 체제의 정당성을 위해 '문혁의 지도자 마오'와 '혁명의 영웅 마오'를 분리함. 마오의 개인적 과오도 사상과도 분리함. 신좌파가 탄생하고 문혁을 긍정적으로 평가하였음(문혁기간 산업이 급속도로 성장, 고도성장을 가능케 함. 자본주의 지향적인 특권 관료제의 폐해를 우려한 것은 옳았다고 주장).

* 마오쩌둥(모택동 1893-1976, 82세)

시인, 서예가, 유토피아 사상가이자 독재자. 창사사범학교에서 만난 양장치 선생이 독일 철학자 프리드리히 파울젠의 '윤리학 체계'를 소개하자 이 책에서 '저항이 없으면 동력이 없고 장애가 없으면 행복도 없다.'에 감명을 받고 후에 양장치의 딸과 결혼함. 1927년 패잔병과 함께 정강산에 입산, 1931년 천신만고 끝에 강서소비에트를 건설하고 1934년까지 존속시킴. 국민당의 포위공격으로 1년간 1만 km의 대장정(1934-35, 근거지를 서남부에서 서북부 산시 성 옌안으로 9,600km(1만 2,500km를 행군)을 시작함. 8만 명이 출발하여 남은 인원은 부상자 2만 명과 8천 명이 11개 성을 통과, 18개의 산맥을 넘고, 17개의 강을 건너 행군함. 1937년 중일전쟁이 터지면서 국민당도 홍군과 함께 싸움. 그 후 극한의 절망적인 상황을 극복할 수 있었든 것은 이타적 행동, 철과 같은 규율, 자기희생, 근검 등 금욕적 가치를 지킬 수 있었기 때문이었음.

31
스위스

1527년 이탈리아군이 바티칸 교황청(율리우스 2세) 공격 시 지키던 용병 147명이 전사함. 18세기말 인구 205만 명 중 30만 명이 용병이었음. 1798년 프랑스 혁명 시 루이 16세를 지키던 용병들도 시민 혁명군과 싸우다 전원 전사함. 현재 바티칸 경호대 102명도 스위스 용병(600년 전부터 경호)임. 시계: 전 세계 생산의 50%, 3천만 원 이상 고급시계의 300개 이상의 부품이 상당수 수작업으로 이루어짐. 명품시계는 개당 약 2천 시간 소요된다 함. 피아제의 엠페라도르 템프로는 개당 330만 달러, 1999년 제작 파텍 필립의 회중시계 '더 슈퍼 컴플리케이션'은 1,100만 달러(약 125억 원)임. 터널공사의 알프 트렌싯 기업은 알프스를 통과하는 고트하르트 베이스터널 57km 건설시 입구에서 출구까지 오차 폭 8cm와 높이 오차 1cm를 만들었다 함. 국민 소득 미, 독, 일본보다 높은 9만 3,515 달러, S&P500 기업의 평균 수명은 15년이나 스위스 기업의 평균수명은 125년에 달함. 네슬레(식품), 롤렉스, 스와치, 노바티스(제약), 신젠타(농업), 발리, 쉰들러(엘리베이터) 등의 기업. 아인슈타인을 비롯해 노벨상 수상자 27명을 배출하였으나 대학진학률은 30% 임.

* 스위스의 은행

스위스 312개 은행이 5조 5,000억 스위스 프랑의 자산관리를 하고 있으며 이중 51%가 해외고객 자산임.

* 루이뷔통 모엣헤네시 그룹

1853년 프랑스의 황후에게 가방을 납품하는 어용 가방업자로 발탁 6대에 걸쳐 키워 오다가 1987년 부동산업자인 베르나르 아르노가 인수 후 1987년 브랜디 제조사 모엣 헤네시를 합병 후 루이비통 모엣 헤네시 그룹(LVMH)으로 됨. 2003년 1월 아르노회장은 상속세에 불만, 국적과 재산을 벨기에로 옮김. 시계 테그호이어, 쇼메, 위블로, 에르메스지분 20% 확보, 불가리 지분 51%, 1968년 크리스찬 디오르 합병, 가방의 새린느, 지방시, 겐조, 겔랑, 스페인의 로에베, 펜디, 화장품의 포에버, 베네틱 코즈메틱 등 합병함.

32
산업혁명(1차:1760-1830)

새로운 기술로 1. 동력의 공급 2. 대형기계를 만들 수 있는 철강재료 3. 교통망의 발달을 가져옴. 산업혁명의 대표적 기업가인 아크라이트는 아크라이트 방적기를 제작함. 미국의 조면기 발명으로 1793년 6만kg 목화생산량이 1860년 8,260만kg으로 되고 노예의 수요는 65만 명에서 400만 명으로 오히려 노예의 수요를 확대 시키고 노예제도의 정착에 기여함. 1811년 영국에 서는 러다이트운동(실업과 생활고의 원인을 기계가 원인이라며 기계장치 파괴)이 발생함.

* 4차 산업혁명

1차 산업혁명: 250년 전에 시작된 증기기관 등에 의한 생산의 기계화
2차 산업혁명: 1913년 헨리 포드의 조립라인에 의한 대량생산(모델 T자동차 생산)
3차 산업혁명: 1970년대 컴퓨터와 더불어 시작된 디지털혁명으로 대대적인 공장 자동화(B2B)
4차 산업혁명: 지능형 기계가 자동진단, 자동연결, 자동 통제하는 지능형 기술생산 시스템(M2M, D2D, IOT, M은 machine, D는 device, Internet of Things)

* 대서양 횡단

1838년 영국의 그레이트 웨스턴 호 필두 4척의 증기선이 대서양 횡단에 성공, 15일 만에 뉴욕에 도착함(종전 23일에서 되돌아 올 때는 조류로 43일 이상 소요). 최초의 대서양 횡단 정규 항로 개설은 새뮤얼 큐나드이고 1840년 브리타니아 호, 1930년대 호화 크루즈 퀸 메리와 퀸 엘리자베스 1호가 항로를 개설함.

* 토마스 칼라일(1795-1881, 가장 행복한 남편)

'프랑스 혁명사'를 집필, "길을 가다가 돌이 나타나면 약자는 걸림돌이라고 하고 강자는 디딤돌이라고 말한다."라고 함. 아내 묘비의 글에는 "40년 동안 아내는 나의 진실한 친구였다. 남편이 하는 일이면 무슨 일이건 간에 그 말이나 행동으로 걱정을 끼친 일이 없었다."라고 함.

* 최초의 비행

오빌과 윌버 라이트형제는 1903년 12월17일 플라이 호를 타고 12초 동안 36m를 날아 동력 비행을 하고 몇 년 후 플라이 3호를 타고 38km를 나는 데 성공함. 최초의 우주비행은 구소련의 유리 가가린 보스토크 1호로 1961년 지구상공 1시간 29분 일주함.

* **자동차의 탄생**

르네상스 시대에는 레오나르도 다빈치는 태엽을 감아 움직이는 자동차를, 1660년경 네덜란드의 시몬 스테빈은 바람의 힘으로 움직이는 풍력 자동차를 개발함. 1769년 프랑스의 니콜라 퀴뇨의 증기자동차(앞바퀴 하나 뒷바퀴 2, 브레이크 없어 교통사고로 사람 죽이는 기계가 되어 활용되지 못함)를 개발하고, 1885년 독일의 칼 벤츠와 고트리브 다임러가 가솔린 엔진을 장착한 자동차를 발명함. 20세기 초, 포드사의 대량생산, 독일의 히틀러는 고속도로 아우토반을 건설하고 페르디난도 포르쉐에게 누구나 부담 없는 가격으로 살수 있는 튼튼하고 안전한 차 제작 지시, 히틀러는 이차를 '기쁨의 차', 'kdf(Kraft durch Freude)'로 이름을 붙이고 포르쉐는 국민의 Volkswagen으로 부름(시속 97km), 히틀러는 900마르크의 우표를 사면 이 차를 한 대씩 준다고 하자 너나 할 것 없이 우표를 샀으나 2차 대전의 전쟁비용으로 쓰임.

* **백열전구의 탄생**

1879년에 발명한 백열전구도 실은 1841년-1878년에 다른 발명가들이 특허를 얻은 수많은 백열전구를 개량한 것임. 인정받는 유명한 발명가들에게는 항상 유능한 선후배가 있었고 사회가 그들의 제품을 이용할 수 있는 시기에 발명품을 개량했던 것임. 뉴커먼의 증기기관도 다른 증기기관을 개량한 것임.

33
가려 뽑은 암송시

푸르른 날

서정주(1915-2000)

눈이 부시게 푸르른 날은
그리운 사람을 그리워하자

저기 저기 저 가을 꽃자리
초록이 지쳐 단풍지는데

눈이 오면 어이 하리야
봄이 또 오면 어이 하리야

네가 죽고서 내가 산다면?
내가 죽고서 네가 산다면?

눈이 부시게 푸르른 날은
그리운 사람을 그리워하자.

임께서 부르시면

신석정(1907-1974)

가을날 노랗게 물들인 은행잎이
바람에 흔들려 휘날리듯이 그렇게 가오리다.
임께서 부르시면...

호수에 안개 끼어 자욱한 밤에
말없이 재 넘는 초승달 처럼
그렇게 가오리다.
임께서 부르시면...

포근히 풀린 봄 하늘 아래
굽이 굽이 하늘가에 흐르는 물처럼
그렇게 가오리다.
임께서 부르시면...

파란 하늘에 백로가 노래하고
이른 봄 잔디밭에 스며드는 햇볕처럼
그렇게 가오리다.
임께서 부르시면...

사랑

장만영(1914-1975)

서울 어느 뒷골목
번지 없는 주소엔들 어떠랴,
조그만 방이나 하나 얻고
순아 우리 단둘이 살자.

숨바꼭질 하던
어릴 적 그때와 같이
아무도 모르게
꼬옹 꽁 숨어서 산들 어떠랴,
순아 우리 단둘이 살자.

아무도 찾아 주는 이 없던 들 어떠랴,
낮에는 햇빛이
밤에는 달빛이
가난한 우리 들창을 비춰줄게다,
순아 우리 단둘이 살자.

깊은 산 바위 틈
둥지 속 산 비둘기처럼
나는 너를 믿고
너는 나를 의지하며
순아 우리 단둘이 살자.

꽃

김춘수(1922-2004)

내가 그의 이름을 불러 주기 전에는
그는 다만
하나의 몸짓에 지나지 않았다.

<u>내가 그의 이름을 불러 주었을 때</u>,
그는 나에게로 와서
꽃이 되었다.

내가 그의 이름을 불러준
것처럼 나의 이 빛깔과 향기에
알맞은 누가 나의 이름을
불러다오
그에게로 가서 나도 그의 꽃이 되고 싶다.

우리들은 모두 무엇이 되고 싶다.
너는 나에게
나는 너에게
잊혀 지지 않는 하나의 눈짓이 되고 싶다.

귀천

천상병(1930-1993)

나 하늘로 돌아가리라
새벽 빛 와 닿으면 스러지는
이슬 더불어 손에 손을 잡고

나 하늘로 돌아가리라
노을 빛 함께 단 둘이서
기슭에서 놀다가
구름 손짓하면은

나 하늘로 돌아가리라
아름다운 이 세상 소풍 끝내는 날,
가서, 아름다웠다고 말하리라

흔들리지 않고 피는 꽃이 어디있으랴

도종환(1955-)

흔들리지 않고 피는 꽃이 어디 있으랴
이 세상 그 어떤 아름다운 꽃들도
다 흔들리면서 피었나니
흔들리면서 줄기를 곧게 세웠나니

흔들리지 않고 가는 사랑이 어디 있으랴

젖지 않고 피는 꽃이 어디
있으랴 이 세상 그 어떤 빛나는
꽃들도 다 젖으며 피었나니
바람과 비에 젖으며
꽃잎을 따뜻하게 피웠나니

젖지 않고 가는 삶이 어디 있으랴

우리 살아가는 날 동안

용혜원(1952-)

우리 살아가는 날 동안
눈물이 핑 돌 정도로
감동스러운 일들이 많았으면 좋겠다.

우리 살아가는 날 동안
가슴이 뭉클할 정도로
감격스러운 일들이 많았으면 좋겠다.

우리 살아가는 날 동안
서로 얼싸 안고
기뻐할 일들이 많았으면 좋겠다.

너와 나 그리고 우리
모두에게 온 세상을 아름답게
할 일들이 많았으면 정말 좋겠다.

우리 살아가는 날 동안에...

풀꽃

나태주(1945-)

자세히 보아야 예쁘다
오래 보아야 사랑스럽다.
너도 그렇다.

별이 빛나지 않는가 의심할 지라도

셰익스피어(1564-1616)

Doubt thou the stars are fire;
Doubt that the sun doth move;
Doubt truth to be a liar;
But never doubt I love.
(별이 빛나지 않는가
의심하고
태양이 돌지 않는가
의심하고
진실이 허위가 아닌가 의심할 지라도
그대여 의심하지 마오 나의 사랑만은)
-햄릿 중에서-
(햄릿이 오필리아에게)

Splender in the grass(초원의 빛)

윌리암 워즈워스(1770-1850)

Though nothing can bring back the hour
of splender in the grass,
of glory in the flower
We will grieve not, rather find
Strength in what remains behind.
(초원의 빛, 꽃의 영광이여,
비록 다시 돌려지지 않는다 할지라도
서러워 하지 말지어다.
차라리 그 속 깊이 숨어
있는 오묘한 힘을 찾으리.)

For whom the bell tolls(누구를 위하여 종은 울리나)

존 던(1572-1631)

Each man's death diminishes me,
For I am involved in mankind.
Therefore, send not to know For whom the bell tolls.
It tolls for thee.
(어느 누구의 죽음도 나를 감소시킨다.
왜냐하면 나는 인류에 포함되기 때문이다.
그러므로 누구를 위하여 종이 울리는 가를 묻지를 마라.
종은 그대를 위하여 운다)

지금

차알스 H. 스펄전

지금 하십시오
할 일이 생각나거든 지금 하십시오
오늘 하늘은 맑지만
내일은 구름이 보일런지 모릅니다.
어제는 이미 당신의 것이 아니니, 지금 하십시오

친절한 말 한마디가 생각나거든 지금 하십시오
내일은 당신의 것이 안 될지도 모릅니다.
사랑하는 사람은 언제나 곁에 있지 않습니다.
사랑의 말이 있다면 지금 하십시오

미소를 짓고 싶거든 지금 웃어주십시오
당신의 친구가 떠나기 전에
장미는 피고 가슴이 설레일 때
지금 당신의 미소를 주십시오

불러야 할 노래가 있다면 지금 부르십시오
당신의 해가 저물면 당신의 노래를 부르기엔 너무 늦습니다.
당신의 노래를 지금 부르십시오.
- 가슴 뛰는 삶 중에서 -

Do it now

Charles Haddon Spurgeon

Do it now.
If you hit on something to do, do it now.
Although you can see a clear sky today,
However, the cloud may be seen tomorrow.
As yesterday is not yours yet, so do it now.

If a compliment come across to your mind, say it now.
Because, Tomorrow may not be yours.
The dear person is not always with you.
When you have a word of love, say it now.

If you want to smile, smile now.
When a rose blooms and your heart throbs,.
Give your smile before your friend go away.

If you have the song you want to sing, sing it now
It might be too late to sing when it is dusky
Sing your song now

* 차알스 H. 스펄전(1834-1892)

19세기 영국의 유명 목회자, 1857. 10. 7. 런던의 크리스털 궁(1936년 화재로 소실)에서 23세의 스펄전은 23,654명의 청중을 모아놓고 설교(마이크가 없던 시절), 빅토리아 여왕이 그의 설교를 듣기위해 변장을 하고 교회에 오기도 했다는 소문이 있음.

* 두 번은 없다

-비스와바 쉼보르스카(1923-2012)-
폴란드 여류시인, 1996 년 노벨문학상 수상.

두 번은 없다. 지금도 그렇고
앞으로도 그럴 것이다. 그러므로 우리는 아무런 연습 없이 태어나서
아무런 훈련 없이 죽는다.

반복되는 하루는 단 한 번도 없다. 그러므로 아름답다.

34
간추린 건배사

우아미(우아하고, 아름다운 미래를),
위하여(위기는 없다. 하면 된다. 여러분과 함께라면)
마당발(마음속으로 당신의 발전을 위하여)
청바지(청춘은 바로 지금부터)
여기, 저기(여러분의 기쁨, 저의 기쁨)
모내기(모든 것 내려놓고 기도하자)
마무리(마음먹은 대로 무엇이든지 이룩하자)
오징어(오늘도 징하게 어울리자)
오바마(오직 바라는 대로, 마음먹은 대로)
너의 미소(너그럽게, 의리 있게, 미워하지 말고, 소중하게)
소녀시대(소중한 여러분 시방 대보자 잔을)
사이다(사랑 이 세상 다 바쳐)
변사또(변함없는 사랑으로 또 만납시다)
누나, 언니(누가 나의 편이냐, 언제나 니 편)
이기자(이런 기회를 자주 갖자)
이 멤버, 리 멤버(선창 이 멤버, 후창 리 멤버)
소화제(소통과 화합이 제일)
진통제(진실만이 통하는데 제일)
마취제(마시고 취하는 것이 제일)

(골프모임)

올 버디(올해는 버릴 것 다 버리고 디기 잘되자)

올 파파(올해도 파이팅, 파이팅)

올 보기(올해는 보람과 기쁨이 가득하기를)

(부부모임)

당신 멋져(당당하고 신나게 멋지게 져주자)

소(포)취하 당취평(소주(포도주)에 취하면 하루가 가고, 당신에게 취하면 평생이 간다.)

위하여(위대하고 하늘같은 여보를)

여보, 당신(如寶, 當身: 보물과 같은 사람, 당신)

(외국어)

카르페 디엠(현재가 제일 중요)

하쿠나 마타타(걱정하지 말라 다 잘 될 거다. 스와힐리어)

아브라카다브라(말한대로 이루어 지이다. 히브리어)

라피크(먼 길 함께할 동반자. 아랍어)

우분투(우리가 함께 있기에 내가 있다. 아 반투족)

색인

7월 혁명 63
4차 산업혁명 112
Do it now 125
For whom the bell tolls 123
Splender in the grass 123

남아프리카공화국 73
네덜란드 동인도회사 29
네덜란드의 분리 37
넬슨 62
노르망디 상륙 93
노예무역 79

ㄱ

가장 나이 많은 나무 47
갈리폴리 전투 85
깔레의 시민들 24
고타마 싯다르타 11
공자 12
공리주의 43
꽃 118
과학의 발달 32
관포지교 10
광해군 52
귀천 119
기독교인들의 살해 45

ㄷ

다부동 전투 104
대서양 횡단 113
대전 후의 독일 84
더크 윌렘스 30
데이먼과 피시어스 10
도고 헤이하치로 50
도쿄 대공습 등 94
독일 나치스 등장 101
독일 나치정권 88
동로마제국의 멸망 31
두 개의 역사적 신화 9
두 번은 없다 126

ㄴ

나가사키 원폭투하 94

ㄹ

라틴 아메리카 42

러시아의 변화 84
러일전쟁 75
레이디 고다이버 20
로마 14
로마의 도로 16
로마제국의 원동력 14
로마 멸망의 원인 15
로페즈 중위 103
루이 브라유 43
루시우스 세네카 15
루시타니아호 81
루이뷔통 모엣헤네시 그룹 111
르네상스 27

백열전구의 탄생 114
법인의 탄생 75
베네치아 26
베네치아 바다 밑 침목 27
베르됭 전투 81
벤저민 프랭클린 41
벨기에의 레오폴드 2세 57
별이 빛나지 않는가 의심할 지라도 122
보통선거 실시 37
보험 58
빅벤 37
빈회의 63
빌렘 바렌츠 선장 29

ㅁ

마오쩌둥 109
만리장성 86
맨해튼 29
명나라의 만리장성 55
명언 78, 69
몽클라르 장군 105
미국의 루이지애나 매입 40
미국, 하와이 병합과 대통령의 사과 74
미 대통령 3선 금지 96
미. 스페인간의 전쟁 74
미 항모 99

ㅂ

백년전쟁 23
백만매댁 천만매린 12

ㅅ

사랑 117
살라딘 22
살수대첩 17
설탕 수요와 노예 수요 56
세계 5대 해전 50
세계대전 중 비행기 99
세계의 핵탄두 95
세계 종교별 신도 수 11
세파르딤 문화 38
솜 전투 82
술래이만 1세 64
스위스의 은행 110
스페인 내전 101
스피노자 59
스탈린그라드 전투 91
십자군원정 22

ㅇ

아랍국가들 83
아프리카의 분할 72
아피아 가도 17
양귀비 18
얄타회담 96
에머슨 61
영국 빅토리아여왕 66
영국 산업혁명의 뒷받침 35
영국의 거래 78
영국의 삼각무역 79
영국의 공용어 25
영국의 무책임한 팔레스타인 외교 83
영국의 특허법과 회사법 30
영국 청국과 국교제안 36
영국인의 인도지배 54
예니체리 64
오스트레일리아 42
올림픽 74
우리 살아가는 날 동안 121
외부민족이 완성한 국가 43
월남파병 105
유극량 52
유우중문 18
윌리엄 피트 36
이순신 49
이탈리아 67
이탈리아 85
임께서 부르시면 116
임진왜란 승전의 배경 50

ㅈ

자동차의 탄생 114
장미전쟁 26
장진호 전투 104
전쟁이 없었던 기간 95
제국주의시대 72
조선시대 책값 72
조선인 강제연행 99
중국의 변천 69
중세 상업도시의 인구 38
중추월 20
증권폭락 58
지금 124
징비록 51
지평리 전투 105

ㅊ

차알스 H. 스펄전 126
차예량 53
찬사 박수 41
창문세금 59
처칠 97
처칠의 유머 97
청일전쟁 70
청평조사 18
초승달 지역 8
최초의 제국 아카드 9
최초의 비행 113

ㅋ

케말 파샤 85
콜로세움 15
콩고 74
콜레라 창궐 64
쿨리 42
크루프 사 89
크림전쟁 66
키루스 대왕 13
키오스 섬의 학살 65

ㅎ

헨리 텐디 99
황금의 20년대에서 대 공황으로 101
후추 55
흑태자 에드워드와 프랑스 왕 장 2세 25
흔들리지 않고 피는 꽃이 어디있으랴 120
히로시마 원폭투하 94
히틀러의 오판 89

ㅌ

터키공화국 85
토마스 칼라일 113
토막 상식 32
투르크의 전성시대 32
특허장 65

ㅍ

파리강화회의 83
페니키아 9
페르시아제국 13
페스트 창궐 25
프랑스 나폴레옹 3세 64
프랑크 왕국의 변천 20
프랭클린 D. 루즈벨트 96
프레더릭 테일러 89
푸르른 날 115
풀꽃 122